三国志入門

宮城谷昌光

文春新書

1302

三国志入門◎目次

三国時代地図　6

第一章　三国志演義の世界　9

桃園の誓い／伏竜と鳳雛／秋風五丈原

第二章　三国志の時代　33

党人禁錮／宦官と外戚／革命の気運

第三章　英雄たちの真実　57

曹操　宦官の孫／勇気ある敗戦／未完の平定図

袁紹　奔走の友／冀州の主／栄名と汚名

劉備　義侠集団／自立への道／昭烈皇帝

孫権　父・孫堅の義戦／兄・孫策の勇躍／竜頭蛇尾

諸葛亮　臥竜とよばれる／未完の創業／天下平定の夢

董卓　野性の怪物

呂布　偽善の志士

関羽と張飛　比類ない勇者

劉表　乱世の君子
周瑜　熱血の人
荀彧　時代の狭間に立つ

第四章　手に汗握る名勝負　223
官渡の戦い　袁紹×曹操
赤壁の戦い　曹操×周瑜（孫権）
夷陵の戦い　劉備×陸遜（孫権）
五丈原の戦い　諸葛亮×司馬懿（曹叡）

第五章　三国志のことば　261
髀肉の嘆／三顧の礼／水魚の交わり／梁父吟／七縦七擒／出師表／泣いて馬謖を斬る／死せる諸葛、生ける仲達を走らす／鶏肋／呉下の阿蒙

第六章　英雄たちの後の三国志　287
主役は司馬氏／劉禅の降伏／呉の滅亡

あとがき　300

玄菟郡
高句麗
昌黎郡
遼東郡
幽州
漁陽郡
遼西郡
右北平郡
楽浪郡
帯方郡
并州
鉅鹿郡
冀州
青州
魏郡
鄴
東莞郡
上党郡
兗州
琅邪国
河内郡
河東郡
洛陽
潁川郡
陳留郡
徐州
司州
河南尹
許昌
譙郡
広陵郡
豫州
淮南郡
呉郡
南陽郡
汝南郡
建業
丹楊郡
襄陽郡
廬江郡（魏）
江夏郡
揚州
南郡
会稽郡
武昌郡
荊州
鄱陽郡
豫章郡
長沙郡
零陵郡

三国時代地図

敦煌郡
酒泉郡
涼州
武威郡
河水
金城郡
雍州
安定郡
隴西郡
天水郡
京兆
扶風郡
長安
武都郡
陰平郡
漢中郡
魏興郡
梓潼郡
巴西郡
巴東
汶山郡
蜀郡
成都
益州
巴郡
漢嘉郡
江水
北
牂柯郡

第一章　三国志演義の世界

桃園の誓い

中国でもっとも多くの人々に読まれた小説は『三国志演義』でしょう。その小説のおもしろさは日本にも伝わり、いまでも多くの人々に読まれつづけています。

この小説の作者は羅貫中《らかんちゅう》といい、出身は山西《さんせい》省の太原《たいげん》であろうといわれていますが、生年と歿年はわかっていません。王朝名でいえば、元《げん》の終わりから明《みん》の初めにかけて生きた人とおもってもらうしかありません。革命期を生きたということは、激動する世相をみたことになり、その体験が、過去の革命期を書くうえで大いに役立ったにちがいありません。

それでは、『三国志演義』の世界とはどのようなものなのか、ながめてゆくことにしましょう。

そのまえに、よけいなことかもしれませんが、『三国志演義』とは、小説ではなく物語ではないか、という人がいれば、それに答えておかなければなりません。小説と物語は、なにがちがうのか。そのちがいについて、もっともわかりやすく説いてくれたのが、イギリスの作家のE・M・フォースターです。

「物語はand（そして）で続いてゆくが、小説にはwhy（なぜ）という問いかけがある」

この定義に従えば、『三国志演義』は小説です。『三国志演義』の基《もとい》になっているのは、陳寿《ちんじゅ》の『三国志』（正史）や范曄《はんよう》の『後漢書《ごかんじょ》』などで、そもそもそれらの歴史書には、

――なぜ国（王朝）は興《おこ》り、なぜ亡《ほろ》んでゆくのか。

という問いがかくされているからです。

たとえ単調な物語でも、そういう構造の上にのせれば、小説の様相をみせることになります。羅貫中があつかったのは、後漢の霊《れい》帝の中平《ちゅうへい》元年（一八四年）に勃発《ぼっぱつ》した黄巾《こうきん》の乱から、呉《ご》の国が滅亡する晋《しん》の武《ぶ》帝の太康《たいこう》元年（二八〇年）までです。百年ちかい長大な時間がその小説にふくまれているとなれば、内容が単調なはずがなく、時代を忠実にうつしてゆこうとすれば、複雑きわまりないものになってしまいます。小説をわけのわからないものにしないために、羅貫中はひとつのしっかりとした軸をつくりました。その軸とは、

「劉備《りゅうび》」

という人物です。

幼いころに父を亡《な》くして、貧しい家で母に育てられた劉備は、動乱の世を生きぬいて、ついに蜀《しょく》の国の皇帝になります。つまり、

「なにももっていなかった劉備が、なぜ皇帝になることができたのか」
という問いを、小説の主題にうつしかえて、時代の複雑さを整理して、わかりやすくしたのです。

では、その小説の内容をざっとみてゆくことにしましょう。

劉備はあざな（通称）を玄徳《げんとく》といい、幽《ゆう》州の涿《たく》郡涿県に生まれ育ちました。涿県はいまの北京《ペキン》市の南に位置し、郡の政府が置かれていたのですから、大きな県でした。

あるとき、劉備は州の高札《こうさつ》に目をとめます。高札にあったのは、黄巾の軍と戦うために義勇兵を募集する、という文字です。黄巾の軍とは、叛乱軍です。太平道《たいへいどう》という新興宗教を信ずる者たちが、中央政府の腐敗をいきどおって各地で挙兵したのです。かれらはいちように黄色い布を頭にまいたので、黄巾とよばれました。その軍はまたたくまに巨大となり、州郡の兵では鎮圧《ちんあつ》できなくなり、義勇兵を集めることにしたのです。

高札をみた劉備は、ため息をついて、立ち去ろうとしました。そのとき、
「すぐれた男が、国家のために働こうともせず、ため息をするしかないのか」
と、声をかけられます。声の主《ぬし》は、劉備より年下の若者でした。豹《ひょう》のような顔をした若者は、身長も体格も劉備よりまさっていて、声もきわめて大きい。この若者が張飛《ちょうひ》で、あ

ざなを翼徳《よくとく》といいます。

劉備は自分の先祖が前漢《ぜんかん》の皇帝の子であることを告げたあと、

「黄巾の賊を討って、民を安らかにしたいのに、力がおよばない」

と、正直にうちあけたのです。この態度に好感をもった張飛は、酒屋に劉備をつれてゆき、酒をくみかわしました。ふたりが意気投合したころに、屈強な男が酒屋にはいってきました。身長は張飛よりも高く、赤黒い顔が特徴の男です。かれはこれから義勇兵の隊にはいる、といいました。

――尋常《じんじょう》な男ではない。

と、みた劉備は、さっそくその男を自分の席に招いて名を問いました。すると男は、

「姓は関《かん》、名は羽《う》という。あざなは雲長《うんちょう》だ。出身は河東《かとう》郡だが、悪辣《あくらつ》な者が腹にすえかねることをしたので、そやつを斬って出奔《しゅつぽん》した。五、六年、各地を渡り歩いてきたが、この地で義勇兵を募集しているときいたので、それに応ずるためにきた」

と、いいました。劉備は関羽の男ぶりに惚《ほ》れこみ、自分の志《こころざし》をうちあけます。関羽も劉備のなみなみならぬ志に感動し、劉備とともに張飛の家へゆき、さらに語りあったすえに、兄弟のちぎりを結ぶことにしました。

翌日、三人は張飛の家の裏にある桃園《とうえん》へゆきます。桃の花はいまが盛りと咲いています。

そのなかで、劉備を兄、関羽を次兄、張飛を弟と定め、

「われら三人は心をひとつにして力を合わせ、国家の恩にむくい、民を安んじたい。三人はおなじ年月日に生まれてはいないが、死ぬときはおなじ日にしたい」

と、誓いをたてます。これは、

「桃園結義《けつぎ》」

と、いい、ここから三人は運命をともにして、乱世を踏破《とうは》してゆくのです。

ところで桃という花木《かぼく》は古代から邪気《じゃき》をはらう木であると信じられています。桃の花でかこまれたなかでたてられた誓いは、いかにも純美《じゅんび》がきわだつではありませんか。小説の妙味はこういうところにあるといってよいでしょう。ちなみに、中華人民共和国を創建した毛沢東《もうたくとう》も『三国志演義』の愛読者でしたが、

「どちらかといえば『水滸《すいこ》伝《でん》』のほうが好きだ」

と、いったのは、三人の誓いのなかに、国家のために働くという趣意《しゅい》がふくまれていたからでしょう。革命家であった毛沢東はそこにひっかかりをおぼえたにちがいありません。

さて、劉備らは、桃園に集まってきた三百余人にさらに二百人がくわわったので、かれ

らを率《ひき》いて郡府に出頭します。喜んだ太守《たいしゅ》は劉備の隊に黄巾の軍を迎え撃たせます。

ほどなく涿郡を侵《おか》すべく黄巾の軍がやってきました。五万という大軍です。迎え撃つ劉備の隊は五百という兵力にすぎません。両者は大興《たいこう》山麓で遭遇します。そのとき関羽と張飛の武勇はすさまじく、まず張飛が敵の副将を矛《ほこ》で刺殺し、ついで関羽が青竜偃月刀《せいりようえんげつとう》で主将を両断したのです。五万の敵軍は崩れに崩れ、劉備の隊は大勝を得て帰還しました。

太守が劉備らを大いにねぎらったことはいうまでもありません。

ところが翌日、太守のもとに急報がとどきました。青《せい》州では太守の城が黄巾の軍に囲まれて落城寸前であるというのです。それをきいた劉備は、もちまえの義侠《ぎきょう》心を発揮して、救援のために出発します。幽州が北方の州であれば、青州は東方の州です。南下した劉備らは青州に着きました。城はまだ落ちていません。城を囲んでいる黄巾の兵の多さをみた劉備は、

「まともに戦っては勝てない」

と、いい、策を立てます。敵兵を誘って、左右の伏兵で挟《はさ》み撃《う》つというものです。この策はみごとにあたり、黄巾の兵を蹴散《けち》らした劉備らは太守と城を救ったのです。

このあとも劉備らは黄巾の軍と戦うために各地を転戦します。

やがて太平道の教祖である張角《ちょうかく》が病死し、その弟である張宝《ちょうほう》と張梁《ちょうりょう》も鎮討《ちんとう》軍に討たれたので、乱はしずまります。

劉備はといえば、乱をしずめる武功が認められて、中山《ちゅうざん》府安喜《あんき》県の県尉《けんい》に任命されました。県尉は県の武官の長です。ところが四か月もたたないうちに、武功によって地方官に任命された者は、審査によって罷免《ひめん》されることになりました。審査にやってきた監察官は質《たち》の悪い男で、暗に賂《まいない》を要求し、劉備がそれをださないとわかると、無実の罪を衣《き》せようとしました。怒った張飛はその監察官をつかまえて縛り、柳の枝で打ちすえました。それを知った劉備は、

――こうなっては、もはや安喜県にはとどまれない。

と、おもい、官を棄《す》てて故郷へ帰ります。しかしそこも官憲《かんけん》の手がのびてきそうであったので、となりの代《だい》郡へ逃げました。だが、幽州牧《ぼく》の劉虞《りゅうぐ》のはからいで、罪をゆるされます。ちなみに、州の長官は牧あるいは刺史《しし》といいます。州の下にいくつかの郡があり、その長官が太守です。さらにいえば、郡には多くの県が属していて、その長官を県令といいます。

劉虞はすぐれた人物で、劉備を官職につかせます。そのおかげで劉備は昇進をかさねて、

青州平原《へいげん》県の県令になります。世が平穏《へいおん》であれば、劉備は県令から太守に昇るあたりで一生を終えたでしょう。しかし天下は戦乱の様相《ようそう》となります。

平原に公孫瓚《こうそんさん》（あざなは伯珪《はくけい》）がやってきました。かれは劉備の顔なじみです。劉備が盧植《ろしょく》先生のもとで学問をしていたときの兄弟子です。旧交をあたためた劉備は、当然のことながら公孫瓚を助けることにします。

幽州の雄《ゆう》となった公孫瓚が、幽州の南の冀《き》州の支配者となった袁紹《えんしょう》（あざなは本初《ほんしょ》）と戦いをはじめたので、劉備は援軍として公孫瓚の陣営にはいります。そこで、ひとりの壮士をみつけるのです。

伏竜と鳳雛

――みどころがある。

と、劉備がみた壮士は、冀《き》州常山《じょうざん》国の出身で趙雲《ちょううん》といいます。あざなは子竜《しりょう》です。最初かれは袁紹《えんしょう》に従っていましたが、袁紹には正義も民を救う心もないとみて、公孫瓚《こうそんさん》軍に加わったのです。しかしこのあと、公孫瓚も袁紹と似たようなものだと失望し、志の高い劉備を慕《した》うことになります。

公孫瓚と袁紹が和睦《わぼく》したので、劉備らは平原県にもどりました。

さて、平原県のある平原郡の南に兗《えん》州があります。兗州の東に徐《じょ》州があります。兗州を統轄《とうかつ》するようになった人物こそ、

「曹操《そうそう》（あざなは孟徳《もうとく》）」

です。のちに魏《ぎ》を建国する英雄ですが、この時点では、一州の主《あるじ》にすぎません。かれに対抗する徐州牧は、陶謙《とうけん》（あざなは恭祖《きょうそ》）といいます。はじめから両者の仲は険悪であったわけではありませんが、陶謙配下の兵が曹操の父を殺してしまったことで、嚇怒《かくど》した曹操が徐州に攻め込みました。

陶謙は窮地《きゅうち》に立たされました。

ここで陶謙を救うために計策をだしたのが麋竺《びじく》（あざなは子仲《しちゅう》）です。かれは陶謙の家臣でも徐州の役人でもありません。いわゆる豪商です。

「青州に救援をたのみましょう」

これが麋竺の計策です。陶謙を助けたい麋竺は奔走《ほんそう》します。ついにかれは劉備のもとにきました。かれの必死さに打たれた劉備は、

「よし、陶謙を助けよう」

と、起《た》ちます。この決断が劉備の運命を大きく変えます。公孫瓚から兵を借りた劉備は徐州に急行し、敵の包囲陣を突破して、城中にはいりました。

さあ、これから曹操軍との会戦、というところで、曹操軍が退却してしまいました。曹操の本拠である兗州に、呂布《りょふ》（あざなは奉先《ほうせん》）が侵入してつぎつぎに城を奪っているという急報がとどいたからです。

九死に一生を得たおもいの陶謙は、宴会の上座に劉備をすわらせて、おもいがけないことをいいます。

「劉備玄徳どのに徐州をゆずって、われは引退して、養生をしたい」

おどろいた劉備は、ここにきたのは義のためであり、徐州をゆずりうけたら、義を知らぬ者と天下の人々からそしられます、といって辞退します。が、徐州を守りぬけるのは劉備しかいないとみた陶謙は、劉備をひきとめて、小沛《しょうはい》に住まわせることにしました。この時点で、劉備は公孫瓚とのつながりが弱くなります。

ほどなく陶謙が亡くなってしまったので、いやおうなく劉備は徐州をあずかることになりました。この徐州に、曹操との戦いに敗《やぶ》れた呂布が逃げ込んできます。劉備の近くにい

る麋竺は、

「呂布は虎狼《ころう》のごとき者なので、迎えいれてはなりません」

と、反対しましたが、劉備は呂布を拒絶しませんでした。呂布は大悪人である董卓《とうたく》（あざなは仲穎《ちゅうえい》）を殺して、皇帝である献《けん》帝を助けたことがあります。それを正義とみる人もいますが、呂布は董卓と父子の契《ちぎ》りを結んだのに、父を殺したことになるので、節義がない、と嫌う人のほうが多かったでしょう。はたして、麋竺が心配した通り、徐州は呂布に乗っ取られ、劉備は逃げて、曹操のもとへゆきます。

袁紹との会戦が近い曹操は、迷いますが、思い切って呂布を討ちました。が、徐州は劉備に返されません。曹操の近くに留《と》め置かれた劉備は、

——なんとか徐州に帰れないものか。

と、悩むことになります。が、天の祐《たす》けはあるもので、徐州に隣接する九江《きゅうこう》郡を本拠にしていた袁術《えんじゅつ》（あざなは公路《こうろ》）が動いてくれたのです。袁術が兄弟である袁紹を頼って、徐州を通り、北上するらしい。そう知った曹操は、袁術の北上をさまたげるべく、劉備をつかわしたのです。

——これで自由になれた。

徐州にもどった劉備は、袁術が病死したときいて、独立します。

怒った曹操は劉備を攻撃します。大敗した劉備は袁紹のいる冀州へ走りました。が、関羽と張飛は劉備に従うことができず、関羽は曹操に迎えられて臣従し、張飛は山にかくれて山賊になります。

曹操に厚遇されても、劉備のもとにもどりたい関羽は、袁紹軍との戦いで、ふたりの敵将を斬り、その大功を返礼として、曹操のもとから去りました。それにたいして曹操は怒らず、追撃させなかったところがみごとで、この両人のありかたは小説に清涼《せいりょう》を与えています。

袁紹は自分の属将が劉備の義弟にあたる関羽に殺されたことで、怒りと疑いを劉備にむけます。劉備も危険を感じて、袁紹から離れる工夫《くふう》をします。

「荊《けい》州の劉表《りゅうひょう》（あざなは景升《けいしょう》）を説く」

というのが、その工夫です。劉表が袁紹側についてくれれば、曹操を南から圧迫することができます。その策を善《よ》しとした袁紹は、曹操の後方攪乱《かくらん》のために、劉備を南方へむかわせます。劉備は虎口《ここう》をのがれたおもいであったでしょう。

劉備はこの南下の途中で趙雲と再会します。趙雲の旧主であった公孫瓚は袁紹に攻めら

れて死にました。劉備のもとには関羽と張飛だけではなく糜竺なども集まりました。が、曹操軍には勝てず、袁紹も、

「官渡《かんと》の戦い」

において大敗したため、劉備は劉表を頼ることにしました。

劉表はおなじ劉という氏をもつ劉備を厚遇し、新野《しんや》の地を与えます。ところでふしぎなことに気づきます。劉備は以前、小沛を陶謙から与えられましたが、小沛とは沛県のことで、前漢王朝を興《おこ》した劉邦《りゅうほう》の出身地です。また新野は後漢王朝を創立した光武《こうぶ》帝（劉秀《りゅうしゅう》）ゆかりの県です。ふたつの地が劉備の未来を祝福しているようではありませんか。

荊州に落ち着いた劉備ですが、その器量を憎まれて、災難に遭《あ》います。劉表の蔡《さい》夫人は劉備を嫌い、家臣の蔡瑁《さいぼう》は、劉備は荊州を奪うつもりではないか、と疑います。そこで、劉備を襄陽《じょうよう》に招いて殺す、という計画が立てられます。あやうく謀殺されそうになった劉備は西門から逃げました。しかしゆくてに大きな谷川があり、とても渡れそうにありません。それでも追手が近づいてきたので、馬を川に乗り入れました。この馬は的盧《てきろ》といい、なんと三丈《じょう》も飛びあがって対岸に立ったのです。馬をすすめてゆくうちに、水鏡《すいきょう》先生という謎の人物に遭います。かれは劉備のことをよく知っていて、

「伏竜《ふくりよう》と鳳雛《ほうすう》、このふたりのうち、ひとりでも得ることができれば、天下を安んずることができる」

と、教えます。新野にもどった劉備は、ひとりの奇士をみつけ、この者が伏竜、鳳雛ではないかとおもい、軍師に迎えました。かれは単福《ぜんふく》と名乗っていましたが、じつは徐庶《じよしよ》(あざなは元直《げんちよく》)という氏名であり、すぐれた策を立てて曹操軍の将軍である曹仁《そうじん》(あざなは子孝《しこう》)に勝利します。徐庶の策に悩まされた曹操は、徐庶の母を招いておいて、にせの手紙で徐庶を劉備から引き離します。母のもとにもどる徐庶は落涙して、

「隆中《りゆうちゆう》というところに賢人《けんじん》がいます。その人は諸葛亮《しよかつりよう》、あざなを孔明《こうめい》といいます。あなたがおさがしの伏竜とは、その孔明です。また鳳雛とは襄陽の龐統《ほうとう》(あざなは士元《しげん》)のことです」

と、告げて、去ってゆきました。

どうしても伏竜を得たい劉備は、隆中へでかけます。ところがなかなか面会できず、三度目に孔明に会えました。これを、

「三顧《さんこ》の礼」

と、いいます。劉備との対話のなかで、孔明は、天下三分《ぶん》の計《けい》、を示します。その内容

は、北は曹操にゆずる、南は孫権《そんけん》（あざなは仲謀《ちゅうぼう》）にゆずる、劉備はこれから荊州を取り、さらに蜀《しょく》を取る、そうすると、天下は三つに分かれて均衡《きんこう》が保たれるというものです。

劉備は孔明の見識に感心しました。孔明も劉備の徳の大きさを感じ、偉業を成すと予想したのでしょう、劉備に従って新野へゆくことにしました。そのときから劉備は若い孔明を敬ったので、関羽と張飛はおもしろくない顔をしました。すると劉備が、

「魚が水を得たようなおもいである」

と、いったので、ふたりは黙ってしまいました。水魚の交わり、とはそれをいいます。

やがて、荊州は曹操軍に襲われました。劉表が亡くなったからです。劉表の次男の劉琮《りゅうそう》は一戦もせずに曹操に降伏しました。劉備は曹操軍を避けるために南下しました。しかし劉備を慕う民が多く、南下ははかどらず、とうとう曹操軍に追いつかれてしまいました。そのときひとり、趙雲だけが曹操軍にむかったので、裏切った、となじられますが、実際はそうではなく、遅れた劉備の夫人と子を救うべく、敵の大軍のなかをひとり駆けたのです。夫人が自殺してしまったので、子だけをかかえて帰ってきます。が、劉備は喜ばず、

わが子を地面にたたきつけて、

「こんな子のために、あやうくわが将を失うところであった」

と、いい、趙雲を感涙《かんるい》させます。

劉備は劉表の長男の劉琦《りゅうき》に迎えられて江夏《こうか》城に入りました。

秋風五丈原

曹操軍の進撃はつづきます。

荊州を得た勢いで、呉も一気に平定してしまおうというのです。呉の孫権が曹操に降伏してしまうと、劉備は逃げ場を失います。そこで孔明は孫権に会って、曹操への敵愾心《てきがいしん》をあおります。また孫権がもっとも信頼している重臣の周瑜《しゅうゆ》（あざなは公瑾《こうきん》）も、抗戦《こうせん》を主張しました。そこで孫権は周瑜に呉軍を託《たく》して、曹操軍を迎撃《げいげき》することにしました。両軍は、

「赤壁《せきへき》」

というところで激突し、火《か》攻《こう》によって周瑜が勝利します。撤退する曹操軍を追うかたちで、荊州の南《なん》郡の攻略にとりかかった周瑜は、劉備と孔明を嫌っているということもあって、

「もしもわれが南郡を取れなければ、玄徳どのが自由に取ればよい」

と、いやみをこめて豪語します。しかしながら周瑜は南郡を守る曹仁と戦って負傷し、引き揚げてしまいます。そのため荊州の南半分は主《あるじ》を失ったかたちになり、劉備がすらすらと平定してしまいました。

はじめて大きな勢力圏を得た劉備のもとに、ひとりの男がやってきました。この男こそ、鳳雛《ほうすう》とよばれた龐統《ほうとう》なのですが、その冴《さ》えない容姿をみた劉備は厚遇せず、耒陽《らいよう》県の県令の任を与えます。赴任した龐統は毎日酒びたりで、政務をないがしろにします。怒った劉備は張飛を遣《や》って糾問《きゅうもん》させます。ところが龐統は張飛の目のまえで、百日分の仕事を半日でかたづけてしまいます。おどろいた張飛の報告をうけた劉備は、

「そのような賢人を粗略《そりゃく》にしたとは、われのあやまちである」

と、いい、龐統を鄭重《ていちょう》に迎えました。これで劉備のもとに伏竜《ふくりょう》と鳳雛がそろったことになり、巨大な両翼をひろげて飛び立つ支度《したく》ができたといえます。

さて、荊州の西隣にあるのが益《えき》州です。

この州のなかに蜀《しょく》郡があり漢中《かんちゅう》郡があります。蜀郡を治めている益州牧の劉璋《りゅうしょう》（あざなは季玉《ききょく》）は漢中郡の張魯《ちょうろ》（あざなは公祺《こうき》）と仲が悪く、なんとか張魯を討ち滅ぼしたいと

おもっていました。張魯は五斗米道《ごとべいどう》という宗教の主宰者で、漢中郡は宗教国といってよく、それを攻略するのは至難《しなん》でした。独力ではむりだとおもった劉璋は、曹操の力を借りるべく、重臣の張松《ちょうしょう》を派遣しました。ところが劉璋の依頼はとりあってもらえなかったばかりか、張松は曹操に侮辱《ぶじょく》されました。鬱々《うつうつ》と帰途についた張松は劉備のもとに立ち寄ります。ここでおもいがけなく厚くもてなされた張松は、劉備の器量の大きさを実感し、

——蜀がたれにも屈しないためには、劉備に治めてもらうしかない。

と、ひそかにおもい、蜀の地図を劉備に渡して帰ります。すぐさま張松は劉備を招いて張魯を討ってもらうことを劉璋に勧《すす》めます。この進言を容《い》れた劉璋は劉備を迎えます。このとき、劉備は関羽、張飛、孔明などを荊州に残し、龐統を軍師として益州に入ったのですから、ほかに欲望はなく、劉璋の依頼に応えようとしただけであるとみてよいでしょう。

ところが、劉備を蜀の主とする、という張松のたくらみが露見して、張松は刑死してしまいます。劉璋は、張松としめしあわせて劉備が蜀を奪いにきた、と怒り、劉備を殺そうとします。やむなく劉璋と敵対することになった劉備ですが、雒《らく》城を攻める途中で龐統が矢をうけて落命したため、窮地《きゅうち》に立たされます。こうなれば、荊州に助けを求めるしかありません。孔明は張飛とともに出発しました。ただしふたりは別々にすすみ、武勇だけか

とおもわれていた張飛が、途中で降《くだ》した厳顔《げんがん》の智慧《ちえ》をつかって、おどろくべきはやさですすんで孔明より先着したのです。張飛と孔明の到着によって威勢を増した劉備軍は、ついに首都である成都《せいと》を包囲して劉璋を降伏させます。

劉備が蜀を取ったと知った曹操は、みずから軍を率いて益州に入り、張魯を降します。しかし劉備軍の堅い守りを破ることができず、撤退します。それを喜んだ蜀の群臣は、

「帝位にお即《つ》きになるように」

と、劉備に勧めました。が、劉備が固辞したので、孔明が、

「まず漢中王になっていただきたい」

と、説きました。昔、前漢の高祖《こうそ》である劉邦《りゅうほう》が最初に与えられた領地が漢中で、漢王朝の漢はその名を採ったものです。当然、劉備はそのことを知っていたので、孔明の進言を容れて漢中王となりました。

おもしろくない曹操は使者を孫権のもとへ送って、魏と呉で漢中王の国を挟み撃とう、ともちかけます。孫権はひとすじなわではいかない人で、すぐに荊州の関羽を説いて、

「ともに魏を討とうではないか」

と、そそのかします。関羽は孫権を信用しておらず、そのあくの強い性質を嫌っていた

ので、にべもなくことわります。怒った孫権は関羽を討つ計策を立てます。

関羽の志望は軍を北上させて魏軍を破り、曹操を滅ぼすことです。そのための戦いをはじめました。孫権の内命を承《う》けた呂蒙《りょもう》（あざなは子明《しめい》）は、いちど仮病をつかって呉に悪意はないと関羽を安心させておき、荊州の兵をあざむいて本拠に突入しました。前後に敵という苦境に立たされた関羽は、臨沮《りんしょ》にのがれる途中で殺されました。臨沮は沮水《しょすい》のほとりにある県で、その県をすぎて沮水にそって北上すると益州にはいることができたのです。関羽は劉備のもとに帰りたかったのでしょう。なお、関羽の愛馬である赤兎馬《せきとば》は、主人の死を悲しんだのか、数日間まぐさを食わずに死にました。

翌年、曹操が亡くなり、子の曹丕《そうひ》が魏王となりますが、この年の冬に、献帝から帝位をゆずられて皇帝となります。それを知った劉備は翌年に帝位に昇ります。

しかし劉備には喜びの色はありません。狡賢《ずるがしこ》い計略で関羽を殺した呉の主従を憎みました。関羽の仇《あだ》を討つために呉を攻めることを決意します。孔明にいさめられますが、劉備の怒りはしずまらず、出陣します。その直前に、なんと張飛が部下に殺されたという悲報をききます。このとき、劉備はあの桃園の誓いを憶《おも》ったでしょう。三人はおなじ年月日に死ぬ、と誓ったではありませんか。

呉を攻めた劉備は、死んでもかまわない、というすさまじい覚悟で、軍を展開しましたが、敵将の陸遜《りくそん》（あざなは伯言《はくげん》）のしぶとさに負け、永安宮《えいあんきゅう》において病歿《びょうぼつ》しました。劉備が軸であり、その軸が車輪をまわし、友情を載《の》せてきた馬車が停止したといってよいでしょう。劉備の死から、主題は、友情から忠義へ移ります。劉備の子の劉禅《りゅうぜん》（あざなは公嗣《こうし》）を託された孔明は、すぐに呉と和睦《わぼく》して、蜀の富国強兵に専念します。

益州の南部には異民族が多く、なかなか蜀に従いません。そのなかでもうるさいのが南《なん》蛮《ばん》王とよばれる孟獲《もうかく》でした。そこで孔明は南征して、孟獲を捕らえました。ところが孟獲を斬らないどころか釈放してしまったのです。孟獲はふたたび孔明に戦いをいどみましたが、またしても捕らえられ、またしても釈放されます。おどろくべきことに、おなじことが七回くりかえされたのです。これを、

「七縦七擒《しちしょうしちきん》」

と、いいます。縦は放つこと、擒は生捕《いけど》ることです。さすがの孟獲も孔明に心服しました。武力でおさえつけても叛乱はやまないので、敵対する者の心を獲《と》った孔明の明智《めいち》がよくわかる話です。

南部がしずまったので、いよいよ北に撃って出ます。益州の北にあるのは、魏の雍《よう》州です。雍州を東西に通っている路は、北路と南路があり、その両方をおさえてしまえば、交通は遮断され、雍州の西半分とそれより西の涼《りょう》州は魏から離れて蜀に服属せざるをえなくなります。その策戦を孔明にもちかけ、みずから先陣を率いて、街亭《がいてい》まですすんだのが馬謖《ばしょく》（あざなは幼常《ようじょう》）です。かれは孔明の友人といってよく、兵法に精通していました。しかし実戦の経験がほとんどなく、山中に籠《こ》もったところ、敵将の張郃《ちょうこう》（あざなは儁乂《しゅんがい》）に水を断たれて、惨敗してしまいます。おびただしい死者をだしたため、国民に謝罪しなければならぬ孔明は、馬謖を獄《ごく》に下して処刑しました。

「泣いて馬謖を斬る」

とは、それをいいます。その後、孔明はたびたび出撃しました。敵の主将は最初は曹真《そうしん》（あざなは子丹《したん》）でしたが、すぐに司馬懿《しばい》（あざなは仲達《ちゅうたつ》）となります。司馬懿は慎重な人で、なかなか孔明の誘いに乗らず、堅い守りをつづけました。孔明は戦陣でも丞相《じょうしょう》としての政務をつづけ、その激務がたたって、五丈原《ごじょうげん》に布陣したとき、病歿してしまいました。孔明の死を知った司馬懿は、引き揚げる蜀軍を追撃します。ところが孔明の木像をみて、まだ孔明が死んでいないと驚愕《きょうがく》して、逃げました。それを人々が笑って、

「死せる諸葛《しょかつ》、生ける仲達を走らす」
と、いいましたが、のちに、死せる孔明、生ける仲達を走らす、というようになりました。

孔明という不世出《ふせいしゅつ》の丞相を失った蜀は、蔣琬《しょうえん》、費禕《ひい》といった賢臣が国力の衰えをふせごうとしましたが、姜維《きょうい》が軍政を掌握《しょうあく》すると、むだな遠征がふえて、ついに魏の鄧艾《とうがい》に攻め込まれてしまいました。劉禅が鄧艾に降伏したことで、蜀という国は滅んだのです。翌々年には、魏の皇帝（曹奐《そうかん》）が司馬懿の孫の司馬炎《しばえん》に帝位をゆずるので、魏も滅びました。三国のうち、残った呉も、それから十五年後に滅亡し、晋《しん》王朝の時代になります。

駆け足で『三国志演義』の世界をみてきました。

この小説には前身があり、演劇や講談がそれにあたりますが、書物を読まない民衆に喜ばれ、喝采《かっさい》を博した筋立てを、羅貫中は巧みに使っています。そのため史実から離してしまったり、ねじまげたりしています。ただし史実とはちがっていても、小説には独特な真実があり、それが人の胸を打てばよいという考えかたはあるでしょう。だが、善は善、悪は悪、と登場人物を区別するのは単純すぎる、そのように区別できないところにおもしろみがある、とおもう読者には、歴史の世界に踏み込んでもらわねばなりません。

第二章　三国志の時代

党人禁錮

三国時代と三国志の時代とはちがいます。

三国時代とは、曹操《そうそう》の子の曹丕《そうひ》が帝位に即《つ》いた年（二二〇年）から呉《ご》の皇帝の孫皓《そんこう》が晋《しん》軍に降伏した年（二八〇年）までをいいます。ただし中国では、司馬炎《しばえん》が帝位に即いた年（二六五年）から晋王朝の時代とみなし、三国時代はその前年で終わったとしています。

歴史家である陳寿《ちんじゅ》が、もしも三国時代史を書いたとすれば、ずいぶんあじきないものになっていたでしょう。時代史はその時代を限定していますから、かれの歴史書には曹操も袁紹《えんしょう》も関羽《かんう》も登場せず、亡《な》くなる三年まえの劉備《りゅうび》をみる、というさびしさです。しかし陳寿はそういう形式を選ばず、前漢の時代に司馬遷《しばせん》が発明した、紀伝体《きでんたい》、を継承しました。紀は天子（皇帝）の伝記で、伝は臣下などの列伝です。

歴史書は陳寿ひとりが書いていたわけではありません。晋の文人である夏侯湛《かこうたん》は魏《ぎ》の歴史書である『魏書《ぎしょ》』を書き終えていました。つづいて蜀《しょく》と呉の歴史を書くつもりであったのでしょう。ところが、陳寿の『三国志』を読むと、

——わが書は、これに及ばない。

と、おもったのでしょう、すぐさま自分の書を破棄《はき》して、著述をやめてしまいました。それは一例ですが、ついに陳寿のそれにまさる歴史書はあらわれなかったのです。

おどろくべきことに、陳寿が『三国志』を書き終えたのが、二八五年ころといわれています。それは呉が滅亡して五年後にすぎません。歴史書の成立としては異様に早いといえます。

陳寿は益《えき》州巴《は》西《せい》郡の安漢《あんかん》県の生まれです。かれの父は馬謖《ばしょく》の参軍《さんぐん》（参謀）になった人です。が、馬謖が街亭《がいてい》で大敗したあと、馬謖が処刑されると同時に髡《こん》刑に処せられました。髡は、髪をそることです。そういう刑を髡刑といいます。蜀の丞相《じょうしょう》であった諸葛亮《しょかつりょう》の、街亭の戦いにおいて策戦に参加して大敗を招いた者たちへの処分は、そうとうに厳しかったといえましょう。

陳寿は三国時代の空気をじかに知っていた人です。その陳寿の『三国志』をもとに、かなりあとになって書かれた范曄《はんよう》の『後漢書《ごかんじょ》』（四二七年ころ完成か）と『三国志』を補塡《ほてん》する裴松之《はいしょうし》の注を参考にして、後漢末から三国時代のはじめにかけての歴史的真義をさぐってゆくことにしましょう。

後漢王朝が衰弱していった遠因は、なんといっても、

「党人禁錮《とうじんきんこ》」

でしょう。それは略して、党錮《とうこ》、といいます。党人を閉じ込めてふたたび世にださないという禁令ですが、この愚かしい禁令によって、王朝を健全に支えてくれる人材をいっきょに失ったのです。

党錮にかかわった人々のなかで、

「李膺《りよう》」

という人物を、どうしても憶《おぼ》えておいてもらいたいのです。

後漢末の皇帝といえば、

桓《かん》帝（一四六～一六七年）
霊《れい》帝（一六八～一八九年）
少《しょう》帝（一八九年）
献《けん》帝（一八九～二二〇年）

という四人です（カッコのなかの年は在位）。桓帝の時代に、太学《たいがく》の学生は三万人ほどいましたが、かれらは口をそろえて、

「天下の模楷《もかい》（模範《もはん》）は李元礼《りげんれい》」

と、たたえました。元礼は李膺のあざなです。李膺はすぐれた学識をもち、将軍として異民族を討てば比類《ひるい》ない武勇を発揮し、行政官の長になれば高潔さをつらぬき、いかなる悪事、不正にも容赦はなかったのです。

そういう李膺に交際を求める人はおびただしい数でしたが、李膺はたやすく人とつきあいません。これといった人物にしか会わなかったのです。そこで人々は、李膺に認められた人には、

「竜門《りゅうもん》を登った」

と、讃辞をおくりました。竜門は河水《かすい》（黄河）の上流にある急流で、ほとんどの魚はそこを登れません。登りきった魚があれば、竜に化する、と伝えられています。無名の士でも、李膺に認められれば、一躍、名士になれるということです。のちに、登竜門《とうりゅうもん》は狭《せま》い関門をいうようになりました。

さて、李膺が河南尹《かなんいん》であったとき、ひとつの不正がおこなわれました。ちなみに、首都の洛陽《らくよう》をふくむ郡を河南尹といい、その太守《たいしゅ》も河南尹といいます。わかりにくいのですが、文脈で判断してもらうしかありません。

河南尹のとなりの郡のひとつを河内《かだい》郡といいます。その郡の出身で、河南尹に住む張成《ちょうせい》は、風角《ふうかく》、とよばれる風占いに長じていました。あるときかれは息子を呼び、

「人を殺してこい。心配するな、すぐに大赦《たいしゃ》がある」

と、いい、殺人をおこなわせようとしました。大赦があれば、殺人犯でも釈放されます。父の占いを信じている息子は、いいつけ通りにしました。むろん逮捕されて投獄されましたが、はたして大赦があったのです。

「父は占いの名人だな」

ひそかに笑った息子は獄からでました。

このいきさつが李膺の耳にはいったのです。

「許せぬ」

激怒した李膺は張成を捕らえ、取り調べたあとに、殺してしまいました。拷問《ごうもん》の烈しさが張成を獄死させたのかもしれません。

事件がそれで終わったのであれば、大事件に発展しなかったでしょう。ところが、張成の弟子であった牢脩《ろうしゅう》が、師の怨みを晴らすべく上書《じょうしょ》をおこなったのです。

内容はこうです。

「李膺は太学の学生を養い、諸郡の生徒と交わりを結び、たがいに往来しあって、党派を形成し、朝廷を誹謗《ひぼう》し、風俗を乱しています」

罪のない者に罪を衣《き》せて訴えることを誣奏《ぶそう》といいますが、これはまさに誣奏でしょう。しかしながら張成は生前に宦官《かんがん》とつきあいがあり、その宦官を介して、桓帝が張成の風角を信じていたふしがあります。張成が獄死したことを宦官から告げられて不快をあらわにしていたにちがいない桓帝は、膝もとにとどけられた上書の内容を知るや、激怒しました。

「党人を捕らえよ」

この命令は郡国に伝えられました。が、党人など、どこにいたのでしょう。その名簿を作ったのは、宦官にちがいなく、かれらが憎み恐れた者たちは、人民に尊敬されている名士であったのです。むろん李膺も捕らえられ、収監されました。が、このときは、城門校《じょうもんこう》尉《い》の竇武《とうぶ》らのとりなしがあったため、李膺らは釈放されました。

この党錮を第一次（一六六年）とすれば、つぎの霊帝の時代の第二次（一六九年）は、かなり残酷なものでした。

宦官と外戚

ここで結論めいたことをさきにいいますと、後漢王朝を衰亡させた元凶は、宦官《かんがん》であったということです。

昔、日本は中国から多くの制度や物を輸入しましたが、ふしぎなことに、宦官と馬車を入れませんでした。中国の古代ではふつうにおこなわれていた兵車戦が、日本にはなく、歩兵戦と騎馬戦がおもになりました。また、日本には宦官がいません。

君主あるいは皇帝、皇后の使用人で、去勢《きよせい》された者を宦官といいます。腐刑《ふけい》（あるいは宮刑《きゅうけい》）という刑罰があります。男の生殖器を削《そ》ぐ刑です。大歴史家といってよい司馬遷《しばせん》も、前漢の武《ぶ》帝の逆鱗《げきりん》にふれて、その刑に処せられました。が、かれは宦官であったというみかたはされません。かれは皇帝の召使いではなかったからです。

宦官は後漢王朝期にはじめてあらわれたわけではなく、春秋時代にすでにいました。春秋時代は、桓《かん》帝の時代からかぞえて八百年以上もまえの時代です。その時代は、覇者《はしゃ》の時代、ともよばれています。最初に出現した覇者が、斉《せい》の桓《かん》公です。そのころ宦官は寺人《じじん》とよばれ、斉の桓公に仕えた寺人貂《ちょう》がよく知られています。かれは桓公の死後に、諸公子の争いに加わっていますから、権力に関心があったのです。

後漢王朝では、権力に関心がある宦官が増えすぎたといえます。もともと公職に就《つ》けるはずのない宦官がはびこるというゆるみを王朝がもたざるをえない事態があったことを知らないと、宦官のとめどない横暴を理解できません。

じつは桓帝の三代まえの順《じゅん》帝のときに、宦官の活躍があったのですが、ここでは話を桓帝にしぼっておきます。

桓帝が帝位に即《つ》くために力になってくれたのは、梁皇太后《りょうこうたいこう》とその兄の梁冀《りょうき》です。梁冀は大将軍ですから群臣の最高位にあると想《おも》ってよいでしょう。その後、桓帝は梁皇太后の妹を迎えて皇后にしました。若い桓帝はみずから聴政《ちょうせい》をおこなうことができず、梁皇太后と梁冀に政柄《せいへい》をにぎられつづけました。

宦官とともに問題視されたのは、

「外戚《がいせき》」

とよばれる存在です。外戚は、母方の親戚、あるいは妻の一族をいいます。

桓帝の皇后の兄である梁冀とその一族がまさにそれです。中国の歴史を上から下までながめてみても、梁冀ほどの悪人はすくないといってよいでしょう。

――わずかに書計《しょけい》を能《よ》くす。（『後《ご》漢書《かんじょ》』）

と、ありますから、梁冀はすこし読み書きソロバンができた程度の人です。その程度の能力しかない男が、王朝を牛耳《ぎゅうじ》ったのです。

梁冀の父は梁商《りょうしょう》といい、順帝の皇后の父でした。よくできた人で、外戚であっても、謙《けん》虚《きょ》をこころがけました。そんな梁商の子がまれにみる悪人となったのは、ふしぎといえばふしぎですが、父がりっぱすぎると、子は不良となる例がこれでしょうか。

梁冀が河南尹《かなんいん》になったとき、やりたい放題《ほうだい》で、法をふみにじっても平気でした。眉をひそめてそれをながめていた洛陽《らくよう》令の呂放《りょほう》は、たまりかねて梁商に、

「ご子息は、少々ひどくありませんか」

と、いいました。おどろいた梁商は梁冀を叱《しか》りました。

――父につげ口をしたのは、呂放だな。

わずかな怨《うら》みでも、数十倍にして返すのが梁冀です。すぐに人を遣《や》って、路上で呂放を殺させました。それだけではなく、ほかの者にその殺人の罪をなすりつけ、その者の族人を百余人も殺しました。

きわめて質《たち》の悪い殺人はほかにもあります。

順帝が崩《ほう》じたあと、乳《ち》飲《の》み子《ご》であった沖《ちゅう》帝を立てました。その沖帝がすぐに亡くなったので、質《しつ》帝を立てたのです。質帝はかしこい少年で、梁冀の悪辣《あくらつ》さをみぬいて、百官がそろっているところで、

「これは跋扈《ばっこ》将軍である」

と、梁冀をみながらいいました。つい、からかってみたくなったのでしょう。跋扈とは、おもいのままにのさばることで、質帝の言は正鵠《せいこく》を射《い》ていたのです。が、質帝は梁冀のほんとうの残忍さを理解していなかったといえます。百官のまえで恥をかかされた梁冀の怒りはすさまじく、すぐに質帝を毒殺してしまいました。

このあとに立てたのが桓帝です。

その擁立のしかたも強引であったのですが、さらに、反対派であった李固《りこ》と杜喬《ときょう》に、むりやり罪を衣《き》せて殺してしまいました。自分にさからう者は大臣であろうと、皇帝であろうと、抹殺《まっさつ》するというのが梁冀のやりかたです。父が亡くなってからは、この世に怖い人はいないはずの梁冀ですが、たったひとり怖い人がいました。

妻の孫寿《そんじゅ》にたいしては、頭があがらなかったのです。妻のきげんをそこなわないように、

汲々《きゆうきゆう》としていました。

孫寿は美貌ですが、嫉妬《しつと》深い人です。梁冀が外に愛人をつくると、すぐにかぎつけました。腹を立てた孫寿は家僕《かぼく》をつかって、その愛人を誘拐《ゆうかい》すると、女の髪を切り落とし、顔を傷つけ、笞《むち》でさんざん打擲《ちようちやく》しておいて、梁冀を恫《おど》しました。それでいて、孫寿自身は梁冀から目をかけられている家令と情事にふけったのですから、そうとうな悪女です。

とにかく桓帝は外戚の恐ろしさがわかっているので、梁冀に怨まれないように、特別待遇をさずけました。食邑《しよくゆう》を増やしたことはいうまでもありませんが、毎日入朝するにはおよばない、十日に一度出仕すればよい、としました。これは梁冀を遠ざけたともいえますが、梁冀の邸宅が朝廷になったともいえます。

重要な案件は朝廷では決定できず、梁冀の意向をきいて決定するという煩雑《はんざつ》なことになったのです。

王朝に人事異動があれば、新任の官人は、まず梁冀の邸宅に駆けつけて、お礼をいうのが、つねとなりました。が、そのならいをにがにがしくみていたのが呉樹《ごじゆ》という硬骨《こうこつ》の臣です。かれは荊《けい》州南陽《なんよう》郡の宛《えん》県の令に任命されたので、赴任《ふにん》のまえに、梁冀邸へゆきました。すると梁冀から、

「宛県には、あちこちにわれの賓客《ひんかく》がいるので、よろしくたのむ」

と、いわれました。呉樹は毅然《きぜん》とした態度で、

「宛は、大都であり、有能な士の淵叢《えんそう》です。ところがさきほどからうかがっていても、あなたさまはひとりの長者《ちょうじゃ》の名も挙《あ》げず、ろくでもない者をわたしに託されました。聴く耳をもちません」

と、いってのけました。

梁冀は慍《むっ》と黙りこみました。

任地に着いた呉樹はさっそく梁冀の客で人に害を与えている数十人を誅殺《ちゅうさつ》しました。このあと呉樹は昇進して荊州刺史《しし》となりました。洛陽を去るまえに、ふたたび梁冀にあいさつに行きました。すると梁冀は、

「ほう、それは賀《いわ》わねばならぬ」

と、酒宴を催して、呉樹をもてなしたのです。が、梁冀は、今日まで我慢してやったのだ、ありがたくおもえ、と内心でつぶやき、呉樹の飲食物に毒を盛りました。梁冀邸をでた呉樹は、馬車に乗ったところで死にました。

この種のことは、枚挙《まいきょ》にいとまがありません。

桓帝は梁冀を刺戟しないように、忍耐に忍耐をかさねました。桓帝にかわって政治をおこなった梁皇太后が崩じたとき、桓帝は十九歳であり、それから九年後に、梁皇后が崩じました。二十八歳になっていた桓帝は大きなため息をついたことでしょう。梁皇太后と梁皇后は、桓帝を監視し、束縛《そくばく》していました。そのふたりが消えてくれたことで、桓帝はわずかな自由をおぼえました。しかしながら、宮中にいる者たちはほとんど梁冀の息がかかっており、桓帝が怪しい動きをすれば、すぐにかれらが梁冀に通報します。いちど梁冀に睨まれたら、死を覚悟しなくてはなりません。

——どうしたら、あの悪鬼のごとき梁冀を撲滅《ぼくめつ》できるのか。

悩みつづけた桓帝は、勇気をだして、ひとりの側近に相談することにしました。その側近とは、宦官の唐衡《とうこう》です。唐衡が梁冀に通じていれば、この相談は自殺行為です。しかしひごろ唐衡を観察していた桓帝は、この者だけは信用できる、と確信していました。そこでかれを廁《し》に呼びいれました。廁はトイレというよりレストルームといったほうがよいでしょう。華麗な部屋で、立ち聞きされない密室にもなります。

桓帝はこう切りだしました。

「わが側近で、外戚に通じていない者は、たれか」

唐衡は迷わずに答えました。

「単超《ぜんちょう》と左悺《さかん》です。かれらの兄弟は、梁冀の弟の梁不疑《りょうふぎ》にひどい目にあわされました。また徐璜《じょこう》と具瑗《ぐえん》も、口にはだしませんが、梁氏一門の横暴を憎んでいます」

唐衡が名を挙げたのは、すべて宦官です。

うなずいた桓帝は、すぐに単超と左悺を廁のなかにいれて、意中をうちあけました。単超らはすこしもおどろかず、

「梁冀らは国の姦賊《かんぞく》です。いつか誅殺したいとおもいつつも、今日になってしまいました。それに、主上《しゅじょう》のご心中がわからなかったのです」

と、答えました。喜んだ桓帝は、

「それなら、ひそかに図《はか》れ」

と、命じました。この密命を承《う》けた宦官らはめだたぬように動きはじめました。いのちがけの行動です。

それによって、ついに桓帝が梁冀を誅滅《ちゅうめつ》するときがきました。梁冀が軍を動かせないように、すべての符節《ふせつ》をあつめて禁中に移し、具瑗に千余の兵を属《つ》け、司隷校尉《しれいこうい》の張彪《ちょうひょう》とともに梁冀の邸宅を包囲させました。なお、司隷校尉は警視総監であると想えばよいでしょ

う。

　宦官たちが慎重に立てた謀計が、この完璧《かんぺき》な包囲陣を実現させたといってよいでしょう。蟻《あり》の這いでるすきまもないと知った梁冀は、絶望し、妻の孫寿とともに自殺しました。外戚の脅威《きょうい》が消滅した瞬間です。目にみえない牢獄からでたおもいの桓帝は、梁冀の一族はもとより、かれと孫寿にかかわりのあった者すべてを処刑しました。この処罰が終わると、朝廷は無人になったといわれています。

　桓帝に大いに賞されて、その信頼をひとりじめにしたような宦官の横暴が、ここからはじまったのです。

　暴《ぼう》をもって暴に易《か》う、あるいは、毒をもって毒を制《せい》す、ということばがありますが、まさにそれであったといえます。桓帝の心情としては、群臣は梁冀におびえ、なびくばかりで、皇帝のためにたれも梁冀を討とうとしなかったのに、宦官は死を恐れずに皇帝のために梁冀に立ち向かった、ゆえに、今後は宦官しか信じない、というかたくなさが生じたのでしょう。宦官がどれほど悪業をおこなっても、桓帝はすこしも痛痒《つうよう》をおぼえませんでした。なぜなら宦官は梁冀とちがって皇帝をおびやかすことがなかったからです。

革命の気運

桓《かん》帝が崩じて、霊《れい》帝が立っても、宦官《かんがん》の威権は衰えませんでした。
なんとか宦官を誅殺《ちゅうさつ》したいと謀《はか》った大将軍の竇武《とうぶ》、太傅《たいふ》の陳蕃《ちんばん》らは、宦官のなかでも上位である中常侍《ちゅうじょうじ》の曹節《そうせつ》に、にせの詔書《しょうしょ》（天子のことばを書いた文書）を作られて、殺されてしまいました。

こうなると、宦官の害毒《がいどく》をふせぎようがありません。私《し》利《り》私《し》欲《よく》のかたまりである宦官がのさばっている朝廷を遠くからながめている名士や賢人は、中央政府から招かれても、出仕しなくなりました。

そういう風潮のなかで、ただひとり正義をつらぬいている李膺《りよう》は、民に敬慕《けいぼ》され、士に敬仰《けいぎょう》されたことはいうまでもありません。

悪事をはたらいている宦官にとって、もっとも怖いのは李膺ですが、ほかにもかたづけたい者たちがいます。かれらが朝廷を粛清《しゅくせい》するようになると、宦官はことごとく権力を失って、処罰されるか、もとの皇帝の使用人にもどることになるのです。

宦官はそういう不安を一掃する機会をとらえました。

中常侍のなかでも、曹節とならんで大物の侯覧《こうらん》が、母を喪《うしな》ったあとに、巨大な墳墓《ふんぼ》を建てました。監察官である張倹《ちょうけん》は、人の家屋を破壊して建てられた墳墓をみて、侈《おご》るにもほどがあろう、とおもい、

「侯覧には、いろいろな罪科もありますので、誅殺したいと存じます」

と、上奏《じょうそう》しました。本来、こういう上書《じょうしょ》は皇帝のもとにとどくはずですが、このときは、霊帝の近くにいる侯覧にさえぎられてしまいました。皇帝の許可を得られなかった張倹は、独断で墳墓と邸宅を壊し、資産を没収し、さらに罪状を言上したのです。この奏上も、霊帝にはとどきません。

――うるさい男だ。

この機に、宦官にとってじゃまな者どもをことごとく誅《ころ》してやろうと考えた侯覧は、曹節とともに、党人《とうじん》の悪について霊帝にふきこみました。

「党人が無法をはたらいていると申すが、かれらはなにをするつもりなのか」

十代のなかばに達していない霊帝はそう問いました。

「社稷《しゃしょく》をくつがえそうと図《はか》っているのです」

社稷は、国家と同義語です。党人が国家を顚覆《てんぷく》させようと計画している。そうきかされた霊帝は、それなら党人を誅殺してもやむをえない、と決めたのです。かつて質《しつ》帝は幼くても、梁冀《りょうき》をみて跋扈《ばっこ》将軍だといって、その悪質さをみぬきましたが、霊帝はその質帝にとても及びません。

――これで李膺を殺せる。

曹節、侯覧だけでなく、下位の宦官である小黄門《しょうこうもん》までも、歓声を揚げたことでしょう。これが第二次の党錮《とうこ》です。

虞《ぐ》放《ほう》、杜《と》密《みつ》、李膺をはじめ、百余人が逮捕されて、獄死しました。

党人の逮捕がはじまったとき、李膺の郷里の人々は、李膺にむかって、

「お逃げください」

と、いいました。李膺が死ねば天下が闇になってしまうことを恐れたからです。しかし李膺は、

「君主に仕えては難《なん》を辞《じ》せず、罪があれば刑をのがれず、というのが臣下の節義である。わたしはすでに六十歳になる。死ぬも生きるも、天命である。逃げて、いったいどこへ行こうというのか」

と、いい、自首しました。そのあと、むごい拷問《ごうもん》によって殺されました。

　李膺の獄死は、はかり知れぬほど大きい衝撃《しょうげき》を天下に与えました。民を守るため、政治を匡《ただ》すため、宦官の凶悪さを恐れず、清正《せいせい》をつらぬいてきた李膺がもういないことに、天下の人々は落胆しました。将来に絶望もしたでしょう。やがてその失意を怒りにかえる人々があらわれました。つまり、李膺のほうが正しく、その正しさを否定した皇帝と朝廷こそ邪悪《じゃあく》ではないか。そうおもえば、これ以上政府に従いたくもなく、まして助けたくはない。この感情を表現するには、どうすればよいか。かんたんなことです。租税《そぜい》を納めなければよいのです。

　ちょうどそのころ冀《き》州の鉅鹿《きょろく》郡に、太平道《たいへいどう》という宗教が興《おこ》りました。教祖は張角《ちょうかく》といい、かれは病人を治す神秘の力をもち、信者を増やしていました。その信者になれば、政府の命令に従わなくてすむ、とおもった人々は争うように太平道にはいりました。

　信者の急激な増加に気をよくした張角は、八人の弟子を各地に派遣して、組織を拡大しました。地方にいて鉅鹿郡までゆけない人々は、八州に拠点ができたことを喜び、さっそく入信しました。そのため十年余で、信徒は数十万人になりました。信徒が増えつづける現状をみた張角は、教団を細分化する必要にせまられ、一万余を率いる者を方《ほう》とよび、六、七千を率いる者を小方《しょうほう》とよぶことにして、全土に三十六方を置いたのです。

政府が制御《せいぎょ》できないこれらの集団は、やがて中央政府から賊《ぞく》とみなされ、鎮圧の対象にされることはわかりきっているので、自衛のために武装するようになりました。信徒の集団が軍隊化したのです。さらにかれらは、いまの政府とは別の政体を望むようになりました。革命思想が生じたのです。

民を離心《りしん》させ、太平道を巨大組織にしたのは、党錮という禁令ですから、その禁令が後漢王朝の命運を縮める愚策であったことがわかります。

太平道の信徒は、ついに全土で蜂起《ほうき》します。その兵が頭に黄色の布をつけたので、

「黄巾《こうきん》」

と、よばれます。かれらは政府からは賊とみなされますが、みかたをかえれば、革命軍の兵です。

黄巾の乱は、全土を震動させたといってよいでしょう。この年、光和《こうわ》七年（一八四年）は、十二月に中平《ちゅうへい》元年に改められますが、この年から、三国志の時代がはじまったとみたのが、『三国志演義』を著《あらわ》した羅貫中《らかんちゅう》であったことは前述した通りです。が、三国志の時代は、党錮からはじまったとみるのが、正しいのではありますまいか。

後漢王朝はその愚かな禁令を発したことによって自滅していったといえましょう。

黄巾の乱は、皇室と朝廷をゆさぶりました。まっさきに首都の防衛を考えた朝廷は、何《か》皇后の兄で河南尹《かなんいん》であった何進《かしん》を大将軍に任命し、首都の東西南北に置かれている八つの関所に都尉《とい》を派遣しました。

ここで、ふたたび外戚《がいせき》の登場です。何進は皇后の兄ですから、外戚にあたります。何進は卑賤《ひせん》の職業から群臣の最高位まで昇った人で、昔の梁冀とちがって、評判のよい人です。中央の会議では、北地《ほくち》郡の太守である皇甫嵩《こうほすう》が、党錮の禁令を解くべきである、と建白《けんぱく》しました。皇甫嵩には乱の原因がなんであるかがわかっていました。この献言《けんげん》が亨《とお》って、党錮が終わりました。この決定は遅すぎたというべきでしょう。

凶報が続々ともたらされました。南陽《なんよう》郡の太守である褚貢《ちょこう》が黄巾軍の張曼成《ちょうまんせい》に殺されました。荊《けい》州の諸郡のなかで南陽郡がもっとも肥沃《ひよく》の郡ですから、それを失ったとあっては、朝廷の高官たちは青ざめるしかありません。また劉備《りゅうび》がいた幽《ゆう》州では、刺史《しし》の郭勲《かくくん》が黄巾軍に殺されました。それが史実です。

ほかにも、各地で官軍が黄巾軍に敗《やぶ》れました。

こういう劣勢のなかで、つぎつぎに黄巾軍を破っていったのが、皇甫嵩です。かれはまぎれもない名将ですが、かたむいてゆく後漢王朝と命運をともにしたため、三国志の世界では英雄あつかいをされません。皇甫嵩よりまえに張角を追いつめたのは、劉備の師として知られる盧植《ろしょく》です。かれはあと一歩で張角に勝つところまできたのに、霊帝の使者として戦況を視察にきた小黄門の左豊《さほう》に賄《まいない》を贈らなかったために、妄《うそ》の報告をされて、罪人にされてしまいました。宦官の毒はこんなところにもあるのです。その後、皇甫嵩が黄巾の乱を鎮《しず》めましたが、それは地表の火を消したにすぎず、黄巾の反政府の思想は地中でくすぶりつづけました。

「禍福《かふく》は糾《あざな》える縄《なわ》のごとし」

と、いわれ、悪いことがあれば良いこともあるのです。黄巾の乱があったせいで、党錮の禁令が解かれたことと何進が大将軍になったことで、才徳のある者がつぎつぎに中央政府に出仕したのです。かれらは何進が宦官を押さえつけてくれそうだと期待し、急進派の袁紹《えんしょう》と袁術《えんじゅつ》は、すべての宦官を誅殺すべきである、と何進にもちかけました。何進も、宦官が政治に無知で、王朝運営の障害にしかなりえないと認識していましたので、宦官を排《はい》斥《せき》しようとしました。ところが妹の何皇后が難色を示したので、事をすすめるのは容易ではなかったのです。

霊帝が崩御《ほうぎょ》して、何皇后の子の少《しょう》帝が立った機に、何太后に圧力をかけるべく、何進は地方の有力者を中央に呼び寄せることにしました。これはある程度成功して、宮中の宦官をすべて外にだせたのです。折衷《せっちゅう》案といってよいでしょう。この状態がつづけば、後漢王朝の余命《よめい》はのびたでしょう。ところが何太后は宦官の懇願《こんがん》を容《い》れて、中常侍らを宮中に復帰させてしまったのです。そこに何進がきたので、かれらは何進を暗殺してしまいます。これほどの愚行はありますまい。

怒った袁紹と袁術は挙兵して、宦官をみな殺しにしました。宦官とみれば、老人でも子どもでも斬殺しました。洛陽《らくよう》城内の異常事態を察して兵をいそがせたのが董卓《とうたく》です。かれは何進に招かれて洛陽の西で待機していたのです。流血の城内にはいった董卓は、おのれの武力で宮中を制し、またたくまに専権を樹立しました。そのあつかましさを嫌った袁紹、袁術、曹操《そうそう》などは、洛陽をあとにして、ほどなく打倒董卓の旗を掲《かか》げます。ここから群雄《ぐんゆう》割拠《かっきょ》の様相《ようそう》となり、劉備のような平民でも、のしあがってゆける激動の世となるのです。

第三章　英雄たちの真実

曹操

宦官の孫

曹操《そうそう》はあざなを孟徳《もうとく》といいます。

後漢の桓《かん》帝の永寿《えいじゅ》元年（一五五年）に生まれました。出身は沛《はい》国の譙《しょう》県です。

父は曹嵩《そうすう》（あざなは巨高《きょこう》）、祖父は宦官《かんがん》の曹騰《そうとう》（あざなは季興《きこう》）です。

あざなのなかに、伯《はく》、仲《ちゅう》、叔《しゅく》、季《き》という文字があれば、その人が兄弟のなかの何番目であるのかがわかります。伯は長兄ですが、本妻の子ではないのに最初に生まれた場合は、孟《もう》、という文字を用いるのがふつうです。曹操のあざなに孟の文字がふくまれていますが、かれは庶子《しょし》ではありません。祖父の曹騰はあざなを季興というので、最後に（あるいは四男として）生まれた子であり、幼いうちに宦官となって宮中で仕えました。栄達のきっかけになったのは、皇太子（のちの順《じゅん》帝）の学友に選ばれたことです。

宦官として大物になった曹騰は、中常侍《ちゅうじょうじ》から大長秋《だいちょうしゅう》（皇后府の長官）まで昇進し、四人の皇帝に仕えて、いちども落度《おちど》がなかったといわれています。

宦官は学問をする機会がないので、大半は無教養です。しかし曹騰は学問をする時間と場所が与えられ、しかも才覚があるので、そういう生きかたができたのでしょう。

さて、去勢された人に子孫がいるはずがないのですが、養子をもらってよい、ということになっていたのです。そこで曹騰は譙県の夏侯《かこう》氏の一族からひとりの男子をもらいうけました。その男子が、曹嵩です。なお曹嵩は、のちに曹操の臣下となる夏侯惇《かこうとん》の叔父にあたるといわれています。

高貴の家にはいった曹嵩は、養父のように宦官になる必要はありません。まじめでおとなしく、養父によく仕えました。そうであれば、権門《けんもん》の子弟は、高官によって推挙《すいきょ》されて、官途《かんと》につくのはたやすいのです。

後漢王朝の創立者である光武《こうぶ》帝（劉秀《りゅうしゅう》）は、前漢の皇帝の位が簒奪《さんだつ》されるという時代を経て、天下を平定しました。光武帝が王朝の制度を定める際に、その簒奪が念頭にありました。ちなみにその簒奪者は、王莽《おうもう》、といいます。

――王莽が天子の位を奪うとき、大臣や高官はどうであったか。

そのもっとも悪質な行為を、諫止《かんし》したり咎《とが》めたりした者が、中央政府にいなかった事実が、光武帝に衝撃を与えたのです。頭脳明晰《めいせき》の者があれほど多くそろっていたのに、子どもでもわかる悪事が、かれらにはわからなかった。それゆえ、いわゆる頭のよい者よりも、善悪がわかる者を官吏《かんり》に採用することにしました。儒教《じゅきょう》では、徳の基本は親孝行にある、としています。そこで、親によく仕えて孝行をおこたらない者を、

「孝廉《こうれん》」

に推挙する制度を定めたのです。これによって、愛情が豊かで、行儀がよく、心のきれいな人が高級官吏になったはずですが、推挙する者が郡の長官であれば、名家や権門の子弟に注目しがちになり、この制度の美点は失われるようになりました。

曹嵩は官途につきさえすれば、昇進するのに苦労はなかったでしょう。司隷校尉《しれいこうい》となったあと、大司農《だいしのう》と大鴻臚《だいこうろ》を経て、ついに太尉《たいい》という三公の位まで昇りました。後漢王朝にかぎらず官職名とその職掌《しょくしょう》をおぼえるのは骨が折れます。しかし、いちおう三公が群臣の最高位ということになっていますので、記憶にとどめておくべきでしょう。

太尉
司徒《しと》
司空《しくう》

というのが三公です。太尉は軍事の最高責任者です。司徒は政治をつかさどるので、首相といいかえてよさそうです。司空は建設大臣ですが、副首相とみてさしつかえないようです。

曹嵩は太尉の位まで昇ったのですから、さぞやりっぱな人であったにちがいないと想像したくなります。ところが実情はかなりなまぐさいものです。曹嵩は宦官に賄賂《わいろ》を贈り、霊《れい》帝に一億銭を献じて、太尉の位を買ったというのです。

買うほうも買うほうですが、売るほうも売るほうだといえるでしょう。

私財を増やすことに熱心な霊帝は、官爵《かんしゃく》を売りだしたのです。たとえば、郡の太守《たいしゅ》の秩《ちつ》（俸給）は二千石《せき》です。日本でも中国の故事にくわしい人は、県知事のことを二千石とよびます。その二千石の官が欲しい人は、霊帝に二千万銭をさしだして任命してもらうことができたのです。霊帝はそのように集めた銭を、西園《せいえん》という離宮の蔵にたくわえました。

曹嵩の家はたしかに権門ですが、当主がそれでは、官吏や庶民から尊敬されるはずはありません。もともと曹家は宦官の家というみかたをされたでしょう。

この家で育った曹操は、

「宦官の孫」

と、みなされたにちがいありません。父の曹嵩にはまったくといってよいほど逸話がありません。そのことは、たれも曹嵩には関心がなかった、というあかしでしょう。それにひきかえ、曹操の少年時代には多少の逸話があります。

鷹を飛ばし犬を走らせて狩りをすることが好きであった、とあります。これを悪意でみれば遊蕩《ゆうとう》ということになりますが、狩りは古代から軍事訓練の一種とされ、孔子《こうし》でも弟子といっしょに狩りをしたのです。

曹操には叔父がいました。その叔父とは、父の兄弟ですから、夏侯氏のひとりということになります。とにかく叔父は曹操が遊びまわっている、とにがにがしくおもい、曹嵩にたびたび告げ口をしました。

――いやな叔父だ。

曹操は父が小言《こごと》をいわないようにするために、智慧《ちえ》をはたらかせました。道で叔父に会ったとき、いきなり顔をひきつらせ、口をゆがめました。おどろいた叔父に、

「中風《ちゅうふう》にやられました」

と、いったのです。さっそく叔父は曹嵩に知らせました。曹嵩もおどろき、曹操を呼びました。が、みたところ曹操の顔に異状はありません。

「叔父さんが、なんじは中風になったといっていた。もう治ったのか」

「中風なんかになっていませんよ。わたしは叔父さんに嫌われているので、そんなことをいわれたのです」

　これをきいた曹嵩は、叔父のつげ口がいいかげんなものであると察し、以後、叔父のいうことを信じなくなったのです。

　これは『曹瞞《そうまん》伝』にある逸話です。曹操は幼名を阿瞞《あまん》といいましたので、そこから書名を採《と》ってつけたのでしょう。この書物の作者は、とにかく曹操を悪役に仕立てたいようで、この逸話も、曹操がいかに狡《ずる》く、悪智慧にたけていたかを、読者に印象づけようとしたものです。ところが、よく読むと作者の意図《いと》とは裏腹に、曹操がいかに聡明《そうめい》で、しかも若いころからユーモアをもっていたかがわかってしまいます。

　ほかの書物からも逸話をひろってみましょう。

　曹操は若いころに中常侍の張譲《ちょうじょう》の家に忍び込みました。張譲がそれに気づいて、捕らえようとしました。すると曹操は手戟《しゅげき》（柄《え》の短い戟）をふりまわして、垣根を踰《こ》えて逃げました。

　これは曹操の武芸の達者《たっしゃ》さを称《ほ》めているらしいのですが、むしろ重要なのは、曹操が宦官の家に忍び込んだことでしょう。

張譲は桓帝のときには小黄門《しょうこうもん》であったのですが、霊帝のときに中常侍に昇進しました。皇帝をそそのかせて党錮《とうこ》という最悪な禁令を発布させた曹節《そうせつ》という大物宦官が亡《な》くなったあと、張譲の権勢はすさまじいものになりました。張譲家への訪問客は、数のけたがちがいます。つねに数百もの馬車がならんだといわれています。

張譲家ほどではないにせよ、ほかの中常侍の家も訪問客が絶えなかったでしょう。

曹操が十五歳のときに、李膺《りよう》が獄死しました。曹操が遊びまわっていたということは、巷間《こうかん》のうわさや評判を自分の耳できいているということでしょう。自分が曹嵩の子であることをかくしてつきあった仲間もいたはずです。そのときにきいた宦官への誹《そし》りや自分の父の評判の悪さに、やりきれなさを感じたにちがいありません。

「宦官の孫で、銭のにおいのする大臣の子では、どんな名士もつきあってくれない」

曹操の心の嘆きは、そういうものであったでしょう。それゆえ、まず、わが家は宦官の家ではない、ということをささやかながら他人《ひと》に知ってもらうために、飛ぶ鳥を落とす勢いの張譲を恐れずに、ひと暴れしてみたのでしょう。

しかしながら曹操は世間からは無視されました。

といっても、官途に関しては順調で、孝廉に推挙されて郎《ろう》（属官）になりました。二十歳のときです。それから洛陽北部《らくようほくぶ》尉《い》（警察部長）に任命され、地方へだされて頓丘《とんきゅう》県の令《れい》に昇進したあと、中央によびもどされて議郎《ぎろう》になりました。議郎は、皇帝から諮問《しもん》があれば、意見を述べる者です。ここまでの曹操はいかにも、

「能臣《のうしん》」

といった風姿《ふうし》です。しかし曹操は自分の体貌《たいぼう》に自信がありません。身長の低い人は、短《たん》軀《く》、とよばれます。曹操はまさにそれで、美貌というわけでもないので、心身に劣等意識がありました。

だが、曹操はひとりの大臣に会って称められたことで、精神の自立を得たのです。

勇気ある敗戦

当時は、人物鑑定が盛んでした。

もともと後漢王朝を樹立した光武《こうぶ》帝は予言を好みました。皇帝となる人には天命がくだるといわれています。光武帝はその天命を予言の書から得たのです。

予言を好む風潮が、容《かたち》をかえて、人物鑑定となったのでしょう。人の将来を透視《とうし》する者には、占い師や人相見などがいますが、そういうことをなりわいとしないで、人に尊敬されている人物の評が、人々には注目され尊重されました。

橋玄《きょうげん》もそういう人物のひとりです。

かれは豫《よ》州梁《りょう》国の睢陽《すいよう》県の出身です。霊《れい》帝の時代に、司空《しくう》、司徒《しと》、太尉《たいい》になったのですから、三公の位にすべてついた人です。ちなみに橋玄が太尉となった年に、曹操《そうそう》は二十四歳でした。

——橋玄は宦官《かんがん》に贈賄して昇進した人ではない。

それを知っている曹操は、橋玄には敬意をもって面会しました。すると橋玄はおもいがけなく曹操を称めてくれました。

「わたしは天下の名士を多くみてきたが、君ほどの者はいなかった。自愛をしなさいよ。わたしは老いた。わたしが亡くなったあと、できるなら妻子のことは君に託《たく》したい」

また橋玄はこうもいったと伝えられています。

「まもなく天下は乱れるだろう。よほどの才能の持ち主でなければ、世を済《すく》うことはできまい。人民を安んずることができるのは、君しかいない」

　この励《はげ》ましに感動した曹操は、橋玄を生涯の恩人としました。のちに橋玄の墓の近くを通ると、みずから詣《もう》でたり、使者を遣《や》って供物《くもつ》をささげました。

　曹操は尊敬する橋玄に会って、将来を祝ってもらったのですから、それで満足したはずなのですが、ほかに許劭《きょしょう》という人物に会いました。許劭のあざなは子将《ししょう》というので、かれは許子将とよばれ、人物批評を月のはじめ（月旦《げったん》）におこなって、名士を格づけしていました。その影響力はそうとうに大きかったと想うべきです。おそらく曹操は、橋玄に、

「許子将に会っておいたほうがよい」

と、勧《すす》められたのでしょう。そこで許劭に面会を求めたのですが、なかなか会ってくれません。たぶん許劭は、曹騰《そうとう》か曹嵩《そうすう》が嫌いだったのでしょう。が、強引におしかけてきた曹操をしぶしぶ観《み》ました。そこでいったことは、

「あなたは治世《ちせい》の能臣ではあるが、乱世では姦雄《かんゆう》となろう」

という予言です。姦は悪とおなじで、姦雄は悪い英雄ということです。その表現には奇《き》異《い》があるので、のちのち曹操を語るときにかならず引用されますが、許劭が曹操を真剣に観たとはおもわれず、その評にはからかいと悪意がひそんでいるようにおもわれます。それをきいた曹操は、大いに笑った、のですが、その笑いの意味はなんであったのでしょう。

もしかしたら、許劭の予見力の低さを笑ったのではないでしょうか。許劭は乱世になると、活路を見失って、摩耗《まもう》されるように死にます。真の人物鑑定眼をそなえていなかったあかしでしょう。

さて、黄巾《こうきん》の乱は、さまざまな人の運命を変転させます。

曹操は騎都尉《きとい》（近衛騎兵隊長）に任命され、潁川《えいせん》郡の黄巾軍を討伐しました。これが最初の実戦といってよいでしょう。このあと済南《せいなん》国の相《しょう》に転任しました。郡の長官を太守ということはまえにも述べましたが、王国の執政《しっせい》は相がおこないます。その後、東《とう》郡太守に任命されますが、赴任《ふにん》せず、郷里にもどりました。いちど議郎《ぎろう》に任命されてそれをうけたものの、病を口実にして、帰郷してしまいました。

それからの曹操は、譙《しょう》から五十里ほど東の地に書斎《しょさい》を建て、夏と秋は書物を読んで学問をし、冬と春は狩りをおこないました。このような隠遁《いんとん》生活をおくったのは、

――天下の清《す》むを待つ。

というためであったことを、曹操自身が述べています。中央も地方もその政府は腐敗《ふはい》がすすみ、そのなかにはいって清潔な政治をおこなおうとすれば、すぐに宦官に睨《にら》まれ、李膺のように誅《ころ》されてしまいます。しかしどのような悪政も二十年もつづかないだろう、政

治が正道をとりもどすまで、たとえ自分が四十代になっても、待ちつづけるという覚悟《かくご》が曹操にはあったのです。

しかし現実は、曹操の隠遁をゆるしませんでした。

黄巾の乱から三年後に、西方で大乱が勃《お》こりました。翌年には黄巾の残党がそれに呼応するように太原《たいげん》郡と河東《かとう》郡を荒らし、南の汝南《じょなん》郡も騒がしくなりました。そこで大将軍の何《か》進《しん》が、天子のための軍をあらたに編制したい、と奏上し、許可されました。それが、

「西園八校尉《せいえんはちこうい》」

です。曹操は召されて、そのなかの典軍《てんぐん》校尉に任命されたのです。曹操が中央に出仕してもよいとおもったのは、その軍を創設したのが、宦官を抑圧《よくあつ》できそうな何進であったこと、行政官でなく武官になって兵を指麾《しき》できること、などに王朝と自身の未来に明るさをみたからでしょう。曹操は読書好きで、愛読書のなかには最高の兵法書といわれる『孫《そん》子《し》』があり、その兵法を実戦で応用してみたいという気持ちもあったのでしょう。

ところが事態は、橋玄が予想したように、乱世へむかってかたむいてゆきます。

霊帝が崩御《ほうぎょ》すると、四か月後に、何進が宦官の張譲《ちょうじょう》、段珪《だんけい》らに暗殺されてしまいます。

何進とともに宦官の一掃を計画していた袁術《えんじゅつ》と袁紹《えんしょう》は激怒し、ついに兵をつかって宦官を

みな殺しにしてしまいます。そのあとの王朝を袁術と袁紹が主導してゆくはずであったのに、西方の兵を率いて宮中に乗り込んできた董卓《とうたく》に主導権を奪われてしまったのです。

董卓はすぐに少《しょう》帝を皇帝からおろして、少帝の弟の献《けん》帝を立てました。じつはこの皇帝の廃替《はいたい》が、三国志の時代を生きる群雄の志向と行動に大きな影響を与えていて、歴史の急所といってよいのです。

少帝は、何進の妹の何皇后から生まれた子です。何進は多くの名士や賢臣から清潔な王朝運営を期待された人ですから、その妹の子が皇帝であることに不信の念をいだくことはなかったでしょう。ところが献帝は何皇后の子ではなく、生母を王《おう》美人といい、朝廷の大臣たちの賛同もなく董卓ひとりの力によって皇帝の位に即《つ》いたとなると、董卓の悪政にまみれた皇帝とみなされ、そこに献帝の不幸があったといえるでしょう。

野心満々で残忍な董卓の近くにいたくない曹操は、首都の洛陽《らくよう》を脱出します。曹操を敵対者とみなした董卓は手配書を郡県にまわしました。きわどく危険を回避した曹操は郷里をめざしますが、正史の『三国志』には、なぜか、

——冬十二月、始めて兵を己吾《きご》に起こす。

と、あります。己吾は地名です。陳留《ちんりゅう》郡の東南部にある県です。その南に陳《ちん》国があり、

陳国の東隣に譙県をふくむ沛国《はい》があります。曹操は郷里の譙県に帰らずに、己吾で挙兵《きょへい》したようです。

己吾には義侠《ぎきょう》の人といってよい衛茲《えいじ》がいて、かれは私財を投じて曹操を援《たす》けました。ほかに考えられることは、董卓の手配書が沛国までとどき、沛国の相はその命令に従って帰郷する曹操を捕らえようとしていたのではありますまいか。陳留郡の太守は張邈《ちょうばく》であり、かれは董卓に反感をいだいているので、曹操の挙兵をさまたげることはなかったでしょう。

とにかく、そのようにして曹操のもとに五千の兵が集まりました。

曹操の股肱《ここう》の臣となる夏侯惇《かこうとん》（あざなは元譲《げんじょう》）、夏侯淵《かこうえん》（あざなは妙才《みょうさい》）、曹洪《そうこう》（あざなは子廉《しれん》）は、族人《ぞくじん》を率いて譙県から駆けつけたとおもわれます。

これが曹操軍の原型です。

翌年が初平《しょへい》元年（一九〇年）で、この年の正月に、諸州郡の刺史《しし》（牧《ぼく》）と太守がいっせいに挙兵します。この年から群雄割拠がはじまったといってよいでしょう。ただしかれらはばらばらに起《た》って動いたわけではなく、董卓と戦うために連合しました。盟主《めいしゅ》を勃海《ぼっかい》太守の袁紹としました。

三十六歳の曹操もその会盟に加わりましたが、かれは官を棄《す》てて逃走してきたので、正式な官職に就《つ》いていないということで、おそらく袁紹のはからいで、奮武《ふんぶ》将軍に任命されます。以前、西園八校尉が設置されたとき、中軍《ちゅうぐん》校尉に任命された袁紹は、典軍校尉に任命された曹操をいちおう認めたのでしょう。

だがこの連合軍は董卓軍と戦いませんでした。盟主の袁紹は洛陽に近い河内《かだい》郡までは行ったのですが、董卓の動向をうかがいにいっただけでした。それにひきかえ、曹操は勇気を発揮しました。単独で私兵を率いて西進し、汴《べん》水のほとりで、董卓配下の徐栄《じょえい》将軍の軍に遭遇《そうぐう》しました。惨敗でした。

馬を失って、退却《たいきゃく》する曹操をみた曹洪は、すぐに馬をおりて、どうぞおつかいください、といいました。が、曹操は、乗るわけにはいかぬ、とことわりました。すると曹洪は、

「天下にわたしがいなくてもよいのですが、あなたさまがいなくてはならぬのです」

と、強くいって曹操を馬に乗せ、自身は曹操の従《とも》をして危地を脱しました。

さて、諸将はこの敗戦を嗤《わら》ったでしょうか。むしろ曹操の勇気をたたえたのではないでしょうか。それにひきかえ、なにもしないで兵を温存して引き揚げた袁紹を侮蔑《ぶべつ》したり、疑念をいだいた将がいて、その連合は脆弱《ぜいじゃく》になったとみるべきでしょう。大事業を起こす場合、最初が肝心《かんじん》で、決断力のとぼしい袁紹は、天下取りの第一歩を誤《あやま》ったというしかあ

りません。

曹操は負けても天下の将士に強烈な印象を与えました。

未完の平定図

敗戦から立ち直った曹操は、多くない兵をたくみに用いて、十余万もの黒山《こくざん》の賊を撃破しました。その功もあり、また配下の陳宮《ちんきゅう》の根《ね》回《まわ》しもあって、曹操は東《とう》郡太守に任命されます。

曹操は東郡を本拠として兗《えん》州全体を平定しようとします。ほぼそれが成るころに、曹操にとって痛恨事が生じます。父の曹嵩《そうすう》と弟の曹徳《そうとく》が、避難先で、徐《じょ》州牧《ぼく》である陶謙《とうけん》の兵に殺されたのです。儒教《じゅきょう》には、

「不《ふ》倶《ぐ》戴《たい》天《てん》」

という考えかたがあり、父を殺した者とはおなじ天を戴《いただ》いてはならぬ、というものです。

陶謙を父の仇《かたき》とみなした曹操は、徐州を苛《か》烈《れつ》に攻めました。

この侵略で、曹操は大きな誤謬《ごびゅう》を犯《おか》しました。兵だけではなく、州民をも殺害したので

す。じつは州内には諸葛《しょかつ》の一族も住んでいて、もしも曹操が別の方法で徐州を併呑《へいどん》していれば、諸葛亮《しょかつりょう》・孔明《こうめい》は曹操に仕えることになったかもしれないのです。

さらに曹操はこの遠征によって苦境《くきょう》に立たされます。

がら空《あ》きになっていた兗州に呂布《りょふ》が乗り込んできて、州内をほぼ平定してしまったのです。しかも呂布を招いたのが陳留《ちんりゅう》太守の張邈《ちょうばく》で、曹操の友人です。呂布を手引きしたのが陳宮であったので、曹操は飼い犬に手を噛《か》まれたようなものです。それにしても陳宮の叛《はん》逆《ぎゃく》は謎です。曹操は陳宮の才能を高く買い、厚遇し、信用もしていたのです。陳宮が曹操にたいしていだいた不満、反感はなんであったのでしょうか。

兗州で曹操側に残った城は、鄄《けん》、范《はん》、東阿《とうあ》の三城だけで、これらの城を守りぬき、反撃の足がかりをつくったのが荀彧《じゅんいく》と程昱《ていいく》という賢臣です。このふたりがいなかったら曹操は兗州を失い、さまようことになったでしょう。

曹操は呂布との激闘をくりかえし、ついに勝利して、呂布を徐州へ逐《お》うことができました。

荀彧は外交においても奇策を曹操にすすめました。

「皇帝をお迎えなさい」

まえに述べたように、董卓《とうたく》に擁立《ようりつ》された献《けん》帝は、董卓の暴政《ぼうせい》の象徴《しょうちょう》で、反董卓を標榜《ひょうぼう》していた諸侯で献帝をあがめる者はひとりもいません。そういう風潮のなかで、荀彧は、

「いかなる者が立つにせよ、皇帝は皇帝なのです」

と、主張し、ついに曹操を動かして、献帝を迎えさせました。すると、献帝の保護者となった曹操の威名《いめい》が、いちだんと高くなったのです。あたかも天下を経営するのが曹操であるかのようになった現状を憎んだのが、袁紹《えんしょう》です。

献帝を迎えるまえから、袁紹の反発は必至だ、と予想していた曹操は、

——いずれ袁紹とは雌雄《しゆう》を決せねばなるまい。

と、肚《はら》をすえました。ただし袁紹の兵力は強大です。しかも天下の名士と賢人はこぞって袁紹のもとへ行ったといってよいのです。それに対抗するために、曹操は熱心に人材集めをおこないました。どれほど支配する国が広く、富んでいても、それはほんとうの国力にはならず、国の優劣は人の優劣によって定まる。曹操はそう考えていたのです。知名度の高さによっておのずと優秀な人が集まった袁紹には、人材を捜《さが》す努力をする必要がなく、その点への意識が低かったといえます。

さて、袁紹と対決する以前に、曹操にはかたづけておかなければならない問題がいくつ

かありました。

西方には馬騰《ばとう》、韓遂《かんすい》など、ひとすじなわではいかない猛将がいて、かれらが叛乱を起こしたり、袁紹とむすぶようなことになれば、曹操としては手におえなくなります。そこで賢臣である鍾繇《しょうよう》を長安《ちょうあん》へ遣《や》って、慰撫《いぶ》させました。ほかにある大きな問題は、徐州の主《あるじ》となっている呂布をどうするかです。曹操が呂布を攻めたいというと、諸将はこぞって反対しました。しかし荀攸《じゅんゆう》という謀臣は、たとえ曹操軍が徐州を攻め、本拠が空《から》であっても、袁紹は優柔不断《ゆうじゅうふだん》の人であるから、速断《そくだん》して軍を南下させることはない、と推測し、曹操の徐州攻めを善《よ》しと進言します。この進言こそ正しいと判断した曹操は、軍旅《ぐんりょ》を催《もよお》して、徐州を攻略し、呂布を討滅《とうめつ》しました。これによって後顧《こうこ》の憂《うれ》いをなくしたのです。

つねに後手を引いた袁紹は、ついに曹操を討つべく、大軍を南下させました。建安《けんあん》五年（二〇〇年）の戦いを、

「官渡《かんと》の戦い」

と、いい、日本的にいえば、それが天下分け目の戦いです。曹操軍は劣勢をつづけ、曹操自身はくじけそうになりましたが、奇襲を敢行《かんこう》して、逆転勝利を得ます。決戦に敗れた袁紹は本拠の鄴《ぎょう》県に引き揚げましたが、それから二年後に、失意のうちに死去しました。

そうなると袁紹が支配していた冀《き》州と幽《ゆう》州は攻め取りやすくなり、しかも袁紹の子の袁《えん》譚《たん》と袁尚《えんしょう》は仲が悪く、協力して曹操軍にあたろうとしないので、曹操が河北《かほく》を平定するのに歳月の多さを必要としませんでした。

曹操が逃げる袁尚を追って、はるばると遼西《りょうせい》郡まで征《い》ったのは、建安十二年（二〇七年）で、遼東《りょうとう》太守の公孫康《こうそんこう》が逃げ込んできた袁尚を斬って、その首を曹操のもとへ送ったことで、北伐《ほくばつ》は終わりました。

この時点で、曹操は天下の半分を取ったといえます。

当然、つぎは南征《なんせい》です。

南方にはふたりの大物がいます。ひとりは荊《けい》州の劉表《りゅうひょう》です。いまひとりは揚《よう》州の孫権《そんけん》です。このふたりを降《くだ》せば、曹操の天下取りの図はほぼ完成です。

曹操は北伐を完了した翌年（二〇八年）、まず劉表を降すべく荊州に兵をいれました。ところがほぼ同時に劉表が死去し、後継者となった劉琮《りゅうそう》は、荊州を挙《あ》げて曹操に降伏しました。つまり曹操軍はほとんど無傷で荊州を征服したため、力がありあまっていました。

こうなると、

――ついでに揚州を攻め取ろう。

という気勢《きせい》になったのは、当然であるといえます。ただし戦い巧者《こうしゃ》の曹操には大きな懸《け》念《ねん》があったはずなのです。荊州攻めには船をつかわなくてもよいが、揚州攻めには船が要《い》る、ということです。孫権軍との戦いが、陸上ではなく水上となると、水戦《すいせん》の訓練をする必要があるのに、それをせずに、降伏したばかりの荊州の兵をつかわざるをえないところに、不安があったにちがいありません。荊州のすべてを得たのなら、そこに一年ほどとどまって水戦の予習をしていたら、曹操の天下取りは完成したでしょう。が、かんたんに荊州を取ったことが、曹操から慎重さを奪いました。

江水《こうすい》（長江《ちょうこう》）をくだった曹操軍の大船団は、赤壁《せきへき》（または烏林《うりん》）というところで、孫権軍の周瑜《しゅうゆ》という将に迎撃《げいげき》されて、惨敗しました。

「赤壁の戦い」

と、よばれる水戦が、それです。この敗戦が深い傷となって、曹操が生きている間だけではなく、子の代になっても呉《ご》を制圧できなくなりました。

やむなく曹操は西方の平定にむかいました。あまり知られていないことですが、西方には宋建《そうけん》という者が建てた王国があり、曹操は夏侯淵《かこうえん》をつかってその国を討伐しました。さらに益《えき》州に兵をいれ、五斗米道《ごとべいどう》という宗教の主宰者である張魯《ちょうろ》を降しました。張魯が治めていた漢中《かんちゅう》郡は、宗教国家になっていたと想うべきです。そのまえに曹操は、西方を騒がせつづけてきた韓遂を討ち、馬騰の子の馬超《ばちょう》を駆逐《くちく》しました。

これで西方平定は完成するはずでしたが、さきに益州の蜀《しょく》郡にはいっていた劉備《りゅうび》に抵抗されます。曹操は劉備をよく知っています。陶謙の死後に徐州をまかされた劉備は、呂布を迎え入れたあと、州を乗っ取られ、殺されそうになったため、曹操のもとに逃げてきた男です。

――将としては、つかえる。

と、みた曹操は劉備を厚遇したのです。が、劉備は曹操のもとを去り、袁紹に属《つ》き、劉表を頼ったあと、荊州南部の四郡を取り、さらに蜀郡を奪ったのです。

――狡賢《ずるがしこ》い男だ。

劉備は誠実そうにみえるが、本性はそうではないと認識した曹操は、劉備と戦いますが、けっきょく降すことができません。

曹操が画《か》いた天下平定図は未完のままになりました。曹操は後漢王朝の丞相《じょうしょう》（宰相《さいしょう》）から魏《ぎ》王になりましたが、みずから皇帝になるようなむりをしませんでした。献帝を迎えたときに、そういう意望《いぼう》を棄《す》てたにちがいありません。既成《きせい》の権威を利用して巨大なものを得たあと、その権威が不要になったからといって、破棄するような非情はなかったといえましょう。

曹操は若いころに会った橋玄《きょうげん》のことばに励まされ、生涯、その恩を忘れなかったと前述しましたが、曹操のあとを継いだ曹丕《そうひ》も、遠征の途中に、橋玄の墓を祭らせました。極端《きょくたん》ないいかたですが、魏という大国をつくったのは橋玄のわずかなことばであり、人にとって最高の宝とは、ことばであるといえるのではありませんか。

曹操が薨去《こうきょ》したのは建安二十五年（二二〇年）で、六十六歳でした。

袁紹

奔走の友

袁紹《えんしょう》はあざなを本初《ほんしょ》といいます。

出身は豫《よ》州汝南《じょなん》郡の汝陽《じょよう》県です。曹操《そうそう》の出身地の譙《しょう》県も豫州のなかにありますから、ふたりはおなじ州の出身ということになります。

ところが袁紹の生年が、正史『三国志』にも『後漢書《ごかんじょ》』にも、明記されていないのです。また、あいまいなのは、袁紹の実父がたれであるかです。

袁紹の父は袁成《えんせい》である、と、おもてむきはそうなっています。袁成はあざなを文開《ぶんかい》といい、大将軍の梁冀《りょうき》とも交わりを結び、五官中郎将《ごかんちゅうろうしょう》まで昇り、若死にしたということです。袁紹が生まれてすぐに袁成が亡《な》くなった、という記述を信じれば、袁紹は袁成の子です。しかし裏事情を指す書もあるのです。

袁成の弟の袁逢《えんほう》の庶子《しょし》として生まれた袁紹は、袁逢家からだされて、袁成のあとを継いだ、という説です。あとでも書くことになりますが、袁逢の子の袁術《えんじゅつ》は袁紹をたいそう憎みました。同腹《どうふく》の兄弟でも憎みあうことはありますが、その憎みかたがそうとうに激しいので、おそらく袁紹は袁逢の側室の子で、袁術が正室の子であった、とみてよいでしょう。

さらに想像をすすめると、袁紹が生まれるとすぐに袁成が重病になったので、袁成の家を絶やさないために、袁紹を養嗣子《ようしし》としたのではないでしょうか。そうなると、袁成の妻の許諾《きょだく》が必要となりますが、妻は袁紹をわが子のように愛情にくるんで育てたのでしょう。

袁紹はこの養母が亡くなったとき、三年の喪《も》に服し、それを終えたあと、さかのぼって父の喪に服すという奇妙なことをします。実の子であれば、そういう常識はずれのことをしないと指摘する人がいますが、その人のいう通りでしょう。

なにはともあれ、袁紹は袁成のあとつぎとして成長します。

少年の袁紹は、自家をふくめて袁氏一門がいかに権勢をもつ名門であるかを自覚したでしょう。なにしろ祖先の袁安《えんあん》が名臣で、しかも章《しょう》帝（後漢の第三代の皇帝）の時代に司徒《しと》となり、それからかれの子孫は栄えつづけました。袁紹の叔父にあたる袁逢（たぶん実父）と袁隗《えんかい》も朝廷の上位にあって、幼い袁紹に目をかけてくれました。袁紹を叱《しか》る父（養父）はとうに亡いのですから、袁紹は甘やかされて育ったとみるべきでしょう。曹操とちがって容姿もすぐれていたので、なおさらであったでしょう。

十代で郎《ろう》にとりたてられた袁紹は、二十歳で濮陽《ぼくよう》県の長に任命されました。

「清廉《せいれん》な長官だ」

という評判を立てられましたが、母（養母）が亡くなったため官を去って喪に服しました。三年の服忌《ふくき》を終えたあとさらに亡父のために三年の服忌をおこなったことは、まえに述べました。

汝陽県から洛陽《らくよう》へ居《きょ》を移した袁紹は、あいかわらず家中に客がいるのをみて、

――かれらを利用してみよう。

と、思い立ちました。客というのは、袁成が寄宿をゆるした賓客《ひんかく》です。袁紹はかれらを鄭重《ていちょう》にあつかい厚遇しました。すると、またたくまに、

「袁本初は士を知る人である」

という評判が高くなり、やがて多くの人々が争うように袁紹家を訪ねるようになりました。袁紹は士には貴賤《きせん》を問わず、対等に交際しました。袁紹の評判はさらに高くなり、訪問者の高級車とぼろ車が街路をうめつくすほどならびました。じつは、それは『後漢書』の記述で、正史『三国志』の注に引く『英雄記《えいゆうき》』では、袁紹の客への接しかたがずいぶんちがいます。

服忌を終えた袁紹はひっそりと洛陽に住み、みだりに賓客とは交際しなかった、というのです。天下に名が知られた人物にしか会いませんでした。そのように選びぬいた人物が、張邈《ちょうばく》（あざなは孟卓《もうたく》）、何顒《かぎょう》（あざなは伯求《はくきゅう》）、許攸《きょゆう》（あざなは子遠《しえん》）などの名士で、かれらは、

「奔走《ほんそう》の友」

として認めあいました。友人が万一のときは駆けつけて助ける、と誓いあったのでしょ

う。ちなみに袁紹はのちに張邈とは仲違《なかたが》いします。それを想うと、その誓いは、劉備《りゅうび》が関《かん》羽《う》と張飛《ちょうひ》と誓ったそれとはくらべものにならない軽易《けいい》なものであったといわざるをえません。

どちらが袁紹の実像に近いのかわかりませんが、わかることは、袁紹には、

「気取《きど》り」

というものがあり、みえを張る人なのだということです。最初から優等意識をもっていた袁紹と最初から劣等意識をもっていた曹操は、いかにも対蹠《たいしょ》的です。

こういう袁紹のありようを、不穏《ふおん》、とみたのが中常侍《ちゅうじょうじ》の趙忠《ちょうちゅう》です。趙忠は大長秋《だいちょうしゅう》を兼任するほどの宦官《かんがん》の大物です。

かれは黄門《こうもん》たちにこういいました。

「袁本初は家からでることなく名を売っている。三公の辟《まね》きに応じないで、死をいとわぬ士を養っている。こやつはなにをたくらんでいるのか」

これを袁紹の叔父の袁隗が仄聞《そくぶん》して、ぞっとしました。趙忠に睨《にら》まれたら、いかなる権力者も抹殺《まっさつ》されてしまいます。そこで、あわてて袁紹を叱りました。

「なんじは袁家を破滅させるつもりか」

そこまで叔父を怒らせたとあっては、出仕をしぶっているわけにはいかなくなった袁紹は、考えた末に、大将軍の何進《かしん》の辟きに応じました。何進だけが宦官に対抗できるとみたのでしょう。袁紹はまず何進の掾《えん》すなわち属官になりました。

何進のもとには多くの名士が集まりましたが、そのひとりが逢紀《ほうき》（あざなは元図《げんと》）です。袁紹と親しくなった逢紀は智謀《ちぼう》の士でもあり、

――次代の天下を運営できるのは、袁本初を措《お》いてほかにいない。

と、みて、命運をともにすることを決めました。あとで袁紹が洛陽をあとにするときも、逢紀は同行し、袁紹の謀臣《ぼうしん》でありつづけます。

さて、名家の当主である袁紹の昇進は早く、侍御史《じぎょし》から中軍校尉《ちゅうぐんこうい》、さらに司隷校尉《しれいこうい》に昇ります。そういう昇進には、すべて何進の後押《あとお》しがあったことはいうまでもありません。

霊帝《れいてい》が崩御《ほうぎょ》し、少《しょう》帝が立ちました。

少帝の生母は何《か》太后《たいこう》であり、何進の妹です。何氏は全盛の時を迎えたといっても過言ではありません。しかし昔、おなじように栄えた竇武《とうぶ》が宦官を誅殺《ちゅうさつ》しようとして、逆に宦官に殺されたことを知っている袁紹は、何進に用心を説《と》き、まず少帝を立てることに反対していた宦官の蹇碩《けんせき》を獄に下《くだ》して死亡させます。

——一歩前進した。

と、みた袁紹は、何進に迫って、

「宦官は皇帝に近侍《きんじ》して親しくしていますから、皇帝の名で号令をくだすことができます。いまかれらをことごとく廃絶《はいぜつ》しなければ、あとでかならずわざわいをなします」

と、訴えました。

正しい政治をおこなう上で、宦官の害がどれほどすさまじく、大きな障害《しょうがい》になっているか、それを知らぬ何進ではないので、妹の何太后の認可をもらって宦官を排除しようとしました。ところが何太后は宦官に同情をもち、母の舞陽《ぶよう》君と兄の何苗《かびょう》（何進にとっては弟）も宦官から賄賂《わいろ》をもらっていたため、何進の進言をとりあげないように働きかけました。

——事がすすまない。

と、みた袁紹は、四方の猛将、豪傑を呼び寄せて何太后に圧力をかけたらどうか、と献《けん》策《さく》しました。その策を容《い》れた何進は天下の諸将を洛陽に招き寄せることにしました。それをよけいな招集であるとみた主簿《しゅぼ》の陳琳《ちんりん》は、さっそく何進を諫《いさ》めました。

「いまあなたさまは兵権を掌握《しょうあく》なさっているのですから、竜が天にのぼり虎が地を歩くように、おもいのままに行動できます。宦官を誅滅《ちゅうめつ》することなどは、洪爐《こうろ》を鼓《こ》して毛髪《もうはつ》を燎《や》くようなものです。それなのに、あなたさまは兵権を手離《てばな》して、外に援助を求めています。大軍が洛陽に集まれば、そのなかで強い者が雄《かしら》となるにちがいなく、混乱の端緒《たんしょ》となってしまいます」

洪爐を鼓して毛髪を燎く、とは、おもしろいたとえなので、『後漢書』の原文を残してみました。大きな炉《ろ》に火を起こしてわずかな髪の毛を焼く、ということです。そんなたやすいことなのに、それをせずに、天下から兵を集めたら大混乱になりますよ、と陳琳は袁紹と何進の計画と実行をあやぶみ、中止させようとしました。しかし何進は再考せず、実行しました。西方にいた董卓《とうたく》は何進の呼びかけに応じて、上林苑《じょうりんえん》まできて駐屯《ちゅうとん》しました。

ようやく事態の深刻さに気づいた何太后は、宦官たちをことごとく罷免《ひめん》して宮中から去らせました。それを確認した袁紹は、

「宦官を誅滅するのは、いまです」

と、進言しましたが、何進はゆるしませんでした。宮中から宦官たちを掃《は》きだせば、これからはまともな政治ができると考えたのでしょう。が、何進の考えは甘かったといわざるをえません。

中常侍の張譲《ちょうじょう》は舞陽君を介して何太后の心をひるがえさせ、宮中にもどったのです。か

れは何太后の詔《しょう》であるといつわって何進を参内《さんだい》させると、待ち伏せさせた人数をつかって、何進を斬りました。

何進の横死《おうし》にまっさきに反応したのは袁術です。かれは挙兵して南宮《なんきゅう》を攻めました。袁紹は北宮《ほくきゅう》の門を閉じ、兵を指麾《しき》して宦官をみな殺しにしました。死者は二千余といわれています。ところが、洛陽城内の異変を知った董卓が兵とともに急行してきたことで、袁紹と袁術の運命は変転します。

冀州の主

洛陽《らくよう》城内は董卓《とうたく》の兵におさえられてしまいました。

しかしこの闖入《ちんにゅう》者の実情をみぬいていた者がいました。騎都尉《きとい》の鮑信《ほうしん》です。かれはすばやく袁紹《えんしょう》に進言しました。

「董卓は強兵を擁《よう》し、異心《いしん》をいだこうとしています。いま早急に対処しなければ、かならず制圧されてしまいます。到着したばかりの兵は疲労していますので、襲撃して、捕獲《ほかく》すべきです」

この進言が袁紹にとってどれほど重要であったか、あとになってわかりますが、袁紹に真の勇気があり、すぐに董卓を撃退したならば、袁紹は王朝の主宰者となったことでしょう。が、袁紹は董卓を恐れて動きませんでした。

董卓は群臣を睥睨《へいげい》し、すっかり宰相《さいしょう》きどりで、

「皇帝はぼんくらだ。とても天下万民の主《あるじ》にしておくわけにはいかぬ。弟の陳留《ちんりゅう》王のほうがましなので、あれを皇帝にしよう」

と、袁紹に同意を求めました。董卓は禁中《きんちゅう》から何進《かしん》の族のにおいを消したいのです。が、何進を仰いできた袁紹は同意しません。すると董卓は嚇《かっ》として、袁紹を睨《にら》み、

「豎子《じゅし》」

と、呼びすてました。豎子は孺子とも書きます。幼児のことです。このことばを成人にむけて発するときは、侮蔑語《ぶべつご》となり、日本語の、小僧《こぞう》、とおなじ意味になります。

「天下の事は、われが決めるのだ。われにさからう者がどこにいようか。なんじはわれの刀がなまくらだとおもっているのか」

董卓は袁紹を恫喝《どうかつ》しました。佩刀《はいとう》を引きよせた袁紹は、

「天下の雄者《ゆうしゃ》は、あなただけではありませんぞ」

と、いい放ち、その刀を横にして一礼すると、そのまま上東《じょうとう》門（東門のなかで北に位置する門）をでて、冀《き》州へ奔《はし》りました。

袁紹には、なぜ、と問いかけたくなるような動静《どうせい》がいくつかありますが、これもそのひとつです。

――なぜ冀州へ奔ったのか。

袁紹の出身地は豫《よ》州ではありませんか。東南へむかうべきなのに、なぜ東北へ行ったのでしょうか。また袁紹は濮陽《ぼくよう》県の長として兗《えん》州へ赴任《ふにん》したことがあるのですから、兗州へむかうという選択もあります。冀州には父祖の縁故《えんこ》があったのでしょうか。

洛陽をあとにした袁紹は、実際は、豫州へむかおうとしたのではなかったのか。そう考えるほうが、むりがありません。袁紹が逃げたと知った董卓は、州郡の長に袁紹を逮捕せよ、と通達しかけました。そのとき、侍中《じちゅう》の周珌《しゅうひつ》（周毖《しゅうひ》）と城門校尉《じょうもんこうい》の伍瓊《ごけい》らが、

「袁氏は名門ですので、袁紹を敵にまわすのは、得策ではありません」

と、袁紹をかばいました。納得《なっとく》した董卓は使者《ししゃ》を遣《や》って、袁紹を勃海《ぼっかい》郡の太守に任命しました。つまり、袁紹は豫州へむかう途中に叙任《じょにん》されたので、勃海郡のある冀州へ行ったというのが実情なのではありますまいか。曹操《そうそう》にくらべて袁紹はめぐまれています。

　ついでに袁術《えんじゅつ》についていいますと、かれは董卓から後《こう》将軍に任ぜられましたが、少《しょう》帝を廃《はい》そうとする董卓の暴慢《ぼうまん》を嫌い、出奔《しゅっぽん》して、荊《けい》州の南陽《なんよう》郡にとどまりました。この時点で、袁術には皇帝を董卓から奪い返そうとする意図《いと》があったのでしょう。ただし袁紹にはその気がないので、ふたりが嫌いあい協力しあわないことは、決定的になりました。

　なにはともあれ、少帝は廃されて弟の陳留王が立ち、献《けん》帝となりました。ほどなく少帝の生母の何《か》太后《たいこう》は董卓に殺害され、弘農《こうのう》王に貶《お》とされた少帝も翌年に董卓に殺されます。

　董卓の残虐《ざんぎゃく》さがあきらかになれば、東方の州郡の長は黙っていません。董卓を討つべく、つぎつぎに挙兵し、会盟をおこなって、袁紹を盟主にしたことはまえに述べました。

「あの豎子が、われに歯向《はむ》かう軍の将帥《しょうすい》だと――」

　激怒した董卓は、袁隗《えんかい》をはじめ袁氏の一族をみな殺しにしました。袁隗に目をかけられて育った袁紹は、その死を知って悼惜《とうせき》したにちがいありませんが、なんとか恩返しするかたちで叔父を救えなかったのでしょうか。

　董卓は東方の連合軍を解体させようとして、韓融《かんゆう》、陰循《いんじゅん》、胡母班《こぼはん》、呉循《ごじゅん》、王瓌《おうかい》といった大臣を遣って、袁紹および袁術を説得させようとしました。が、董卓に一族を殺された袁紹の怒りはおさまらず、董卓の手先となった胡母班、王瓌、呉循らを殺しました。袁術は陰循を捕らえて殺しました。

　これで袁紹と袁術は、けっして董卓とは妥協《だきょう》しないことを天下に知らしめたことになります。

　しかし董卓を討つといっても、袁紹は勃海郡の太守にすぎず、董卓と戦うには貧弱《ひんじゃく》すぎる本拠です。できれば冀州全体を支配するほどの威勢《いせい》をもちたいものです。

　冀州牧《ぼく》は韓馥《かんふく》です。董卓に叙任された韓馥は、董卓が皇帝を擁しているという事実を考え、それに叛《そむ》く袁紹の挙兵が正しいかどうか、悩み、袁紹にはすぐに同調しません。そういうときに、韓馥の将である麴義《きくぎ》が背《そむ》いたので、袁紹は麴義とむすびました。

　洛陽から同行してきて、袁紹の客となっている逢紀《ほうき》は、

「大事を決行するには、一州に拠《よ》らなければ、自立できません。冀州は富《と》んでおり、兵も強い。ところが、韓馥は凡庸《ぼんよう》です。そこで幽《ゆう》州の公孫瓚《こうそんさん》を南下させましょう。韓馥はかならずや驚き、恐れましょう。なすすべのないかれのもとへ、弁舌の士をつかわして、その位をあなたさまにゆずらせればよいのです」

　と、献策しました。冀州の乗っ取りです。

「よかろう、やってみよ」

袁紹の肯下《こうか》を承《う》けて、逢紀は袁紹の名で、文書を公孫瓚へ送りました。これに応じた公孫瓚は、董卓を討つ、と標榜《ひょうぼう》しつつ、幽州の兵を率いて冀州を侵略しはじめました。すかさず袁紹は、外甥《がいせい》の高幹《こうかん》と荀諶《じゅんしん》（荀彧《じゅんいく》の弟）を使者として、不安に揺れている韓馥のもとへ遣りました。

「あなたはかつて袁氏に仕えたことがあるでしょう。あなたの安全を想えば、冀州をそっくり袁氏にゆずるのが最善です。そうすればあなたは、州を賢人にゆずったという名声を有《ゆう》し、のちのちまで安泰《あんたい》です」

韓馥という人は仁愛《じんあい》をもっていて、州民をいつくしむ美質のある人です。戦乱の世に遭《そう》遇《ぐう》しなければ、州民に慕《した》われた牧（あるいは刺史《しし》）になっていたでしょう。しかし戦闘は苦手《にがて》であったようです。公孫瓚を撃退する自信がなかったので、州を袁紹にゆずる決意をしました。すると耿武《こうぶ》、閔純《びんじゅん》などの属吏《ぞくり》に、

「なぜ州を袁紹におゆずりになるのですか」

と、諫《いさ》められました。しかし自分では守りぬけない州民を袁紹であれば守ってくれる、と、おもった韓馥は、かれらの諫言《かんげん》をしりぞけて、牧のあかしである印綬《いんじゅ》を袁紹へ送りました。

ついでにいえば、袁紹は怨みを忘れぬ質《たち》であるらしく、自分に楯突《たてつ》いた耿武と閔純を、のちに配下の田豊《でんほう》に殺させました。人格のなかにある許容《きょよう》量の大小が、人の尊卑《そんぴ》を決めるのであれば、袁紹には人を許すという大度《たいど》が欲しかったというしかありません。

なお、韓馥の最期《さいご》は哀れです。かれは袁紹に殺害されるのではないかと恐れ、冀州を去って、陳留《ちんりゅう》太守の張邈《ちょうばく》のもとへゆきます。そのあと、袁紹は張邈のもとへ使者を遣ります。この使者と張邈が密談をはじめたので、

――さてはわれを殺す話か。

と、勘《かん》ぐった韓馥は、逃げる気力も失い、廁《し》（かわや）へ行って自殺しました。

まんまと冀州をせしめた袁紹は、名臣、賢人をつぎつぎに従えます。韓馥に仕えていた沮授《そじゅ》を別駕《べつが》とし、審配《しんぱい》と田豊をとりたてます。

さて、冀州の主《あるじ》となった袁紹は、韓馥にかわって、公孫瓚と戦わねばなりません。

袁紹の敵となった公孫瓚は、どのような人物なのでしょうか。

すでに『三国志演義』で、その名をみかけました。

公孫瓚はあざなを伯珪《はくけい》といい、幽州遼西《りょうせい》郡令支《れいし》県の出身です。若いころのかれは容姿《ようし》端麗《たんれい》で、三国志の世界に登場する人物のなかで、最上の美男子のひとりであったことはま

ちがいありません。最初にかれは郡の小吏《しょうり》になりました。

遼西太守は公孫瓚の容姿だけではなくその才能をも評価して、自分の女《むすめ》を娶《めと》らせ、さらに涿《たく》郡へ遣って、高名な盧植《ろしょく》に就《つ》かせて学ばせました。公孫瓚が門弟のひとりである劉備《りゅうび》と知りあったのは、そのときです。遼西にもどると、孝廉《こうれん》に推挙され、遼東《りょうとう》属国の長史《ちょうし》に任命されました。それからの武勇はすさまじく、異民族である烏桓《うがん》（烏丸《うがん》）も、公孫瓚をはばかるようになりました。幽州は昔から北方の騎馬民族である匈奴《きょうど》、鮮卑《せんぴ》、烏桓などの侵寇《しんこう》に悩まされつづけてきましたから、塞外《さいがい》からの脅威をはねのけてくれる公孫瓚を、人々が英雄視するようになったのは当然でしょう。

公孫瓚の兵も美しいものでした。白馬を好む公孫瓚は、自身だけが白馬に乗ったのではなく、騎射《きしゃ》にすぐれた士を数十人従え、かれらをみな白馬に乗せて左右に展開させました。
公孫瓚は自分のことを、

「白馬義従《はくばぎじゅう》」

と、称し、烏桓の将卒はたがいに、

「白馬長史を避けよ」

と、いいあって、幽州から遠ざかりました。

青《せい》州と徐《じょ》州の黄巾《こうきん》軍が北上して勃海郡の境まで侵入したとき、公孫瓚は歩兵二万人を率いてその大軍を撃破し、三万人を斬首《ざんしゅ》しました。さらに追撃して、数万人を殺し、七万余人を捕虜《ほりょ》としました。その勢いのまま南下をつづけた公孫瓚の軍は、界橋《かいきょう》に到りました。界橋があるのは、冀州の南部ですから、その時点で、公孫瓚は冀州の三分の二を平定したことになります。

袁紹はその破竹《はちく》の勢いの幽州兵と戦わねばなりませんでした。

栄名と汚名

「界橋《かいきょう》の戦い」

この戦いは、歴史的意義が大きくないとみなされたのか、あまり知られていません。しかし戦いの内容は、日本の長篠《ながしの》の戦いによく似ています。

公孫瓚《こうそんさん》軍は騎馬《きば》が中心なので、武田《たけだ》勝頼《かつより》の武田軍を想わせます。それに対する袁紹《えんしょう》軍は弩《ど》をならべて迎撃《げいげき》しましたから、鉄砲をそろえた織田《おだ》信長《のぶなが》の織田軍に比《ちか》いといえましょう。弩は、ひきがねをつかって矢を発射する弓です。射程は最大で八百メートルもありますが、有効射程は四百メートルであると想えばよいでしょう。

公孫瓚軍の歩兵は三万余人いて、方形の陣をつくりました。騎兵の一万が左右に展開しました。いわゆる鶴翼《かくよく》の陣です。敵を左右の翼でつつみこんで全滅させる陣形です。それに対して袁紹は、八百の兵を指麾《しき》する麴義《きくぎ》を先鋒とし、最先端にすすめました。ただしこの隊を援護するために、一千張の弩の隊を両側に配置しました。袁紹自身は数万の歩兵を率いてうしろに構えました。

袁紹軍の先鋒があまりにも寡少《かしょう》なので、たやすく破壊できるとみた公孫瓚は、

「踏みつぶせ」

と、号令し、騎兵を突進させました。騎兵が放つ矢を楯でしのぎ、敵兵が数十歩のところまでくるのを待った麴義は、

「いまだ、起《た》て」

と、配下に命じ、前進を敢行《かんこう》しました。それをみた弩の兵はいっせいに矢を放ちました。この矢の殺傷力はすさまじく、またたくまに二、三百の騎兵を倒しました。幽《ゆう》州の兵は突撃をくりかえすたびに、弩の猛威にさらされ、ついに鶴翼の陣は弊《やぶ》れ、公孫瓚は敗退しました。それでも公孫瓚は兵をまとめ、反撃をこころみましたが、猛追してきた麴義の隊に

ふたたび破られて、幽州に引き揚げました。

この敗戦をくやしがった公孫瓚は、つぎの年に、報復のために軍を南下させ、平原県《へいげん》のあたりから冀《き》州の東部を衝《つ》こうとしました。が、袁紹の軍はあわてることなく、その軍を攻撃して破りました。以後、公孫瓚は冀州を侵《おか》そうとしませんでした。

袁紹は北からの脅威を実力ではねのけました。しかしながら冀州は大勢力の賊の多いところですから、たやすく平定するわけにはいきません。

初平《しょへい》四年（一九三年）の三月に、袁紹は軍をめぐらして薄《ふ》落津《らくしん》に到りました。

「今日は、上巳《じょうし》の日である。災《わざわ》いを祓《はら》おうではないか」

そういった袁紹は賓客《ひんかく》と諸将を集め、宴会を催しました。三月上巳（月のはじめの巳《み》）の日は、いわば厄落《やくお》としの日です。古代から水には浄化する力があると信じられていますので、上巳の日に人々は水辺に集まって災いを祓いました。ちなみに、それが桃の節句《せっく》となり、日本では三月三日の雛祭《ひなまつり》というかたちに定着しました。さらによけいなことかもしれませんが、子《し》、丑《ちゅう》、寅《いん》、卯《ぼう》……、という十二支《し》は、前漢までは記号の一種でしたが、後漢の時代に、子にねずみを、丑にうしを、寅にとらを、卯にうさぎを、というように動物をあてるようになりました。卯のつぎの辰《しん》にはたつがあてられました。これだけが空想の動物ですが、じつは竜を目撃した人はすくなくないので、実在の動物であるとみなされて十二支にいれられたのでしょう。

閑話休題《かんわきゅうだい》、薄落津での宴会にもどります。

ここに突然、凶報がはいりました。

「魏《ぎ》郡の兵が叛乱を起こし、黒山《こくざん》賊の于毒《うどく》ら数万人とともに鄴《ぎょう》城を陥落させ、魏郡太守を殺しました」

冀州の最南端の郡が魏郡で、その中心の県が鄴県です。袁紹は鄴県を本拠としているのです。

黒山とか黄巾とか、賊の名には色の名がよくつかわれます。冀州の西隣の近畿圏《きんきけん》に、白《はく》波《は》という集団があり、かれらは皇帝を援《たす》けることもしたので、かならずしも賊とはいえませんが、おもしろいことに、日本人はその名をとくによく知っています。歌舞伎《かぶき》には、白《しら》浪物《なみもの》、とよばれる盗賊を主人公にした演題《えんだい》があり、もっとも有名なのは河竹黙阿彌《かわたけもくあみ》の「白《しら》浪《なみ》五人男《おとこ》」です。その白浪とは、じつは後漢末のこの白波の賊がもとになっているのです。

それはさておき、鄴の城内に家がある者たちはその報《しら》せを知って、顔色を失い、泣く者さえいました。袁紹の家族は、当然のことながら城内にいます。袁紹の心情としては、いまから助けに行ったところでまにあわない、となれば、あきらめるしかない、といったところでしょう。袁紹は落ち着きを保ち、人に酒をすすめ、あえて楽しげに語《かた》ったのです。

しかし袁紹には幸運がありました。

賊に殺されたであろう袁紹の家族を救助した男がいたのです。平漢《へいかん》将軍と自称していた賊の陶升《とうしょう》は、黒山の賊には与《くみ》せず、部下を率いて西城《せいじょう》にはいり、郡府の門を閉じて、車を用意して袁紹の家族と高官を載《の》せ、自衛しながら斥丘《せききゅう》県に到りました。斥丘県の位置は鄴県の東北です。

軍を率いて斥丘県に到着した袁紹は、陶升の義侠《ぎきょう》を知って感激し、すぐさまかれを建義《けんぎ》中郎将《ちゅうろうしょう》に任じました。

于毒の動向をさぐっていた袁紹は、六月に、軍を南下させて河内《かだい》郡にはいり、朝歌《ちょうか》県の鹿腸《ろくちょう》山をめざし、包囲して五日間攻撃して、ついに于毒の首を斬り、配下の一万余を殺しました。さらに山の北をすすんで諸賊をつぎつぎに撃破し、数万の兵を斬首《ざんしゅ》しました。あとは黒山賊の首領である張燕《ちょうえん》を討てば、この一連の攻伐《こうばつ》は大成功です。ここまでの袁紹ははつらつとしています。しかし兵は連戦の疲れをみせはじめていました。張燕の精兵は数万もいて、騎兵は数千です。張燕自身も戦いに長じているため、袁紹軍は十日余の戦いで、張燕を降《くだ》せませんでした。引き分けといったところです。ちなみに張燕はのちに曹操《そうそう》に帰服《きふく》して将軍に任ぜられます。

なおその戦いでは、麴義は袁紹の指図に従わず、驕慢《きょうまん》であったため、袁紹に誅《ころ》されました。

冀州から賊を駆逐《くちく》した袁紹に、沮授《そじゅ》が重要な進言をしました。長安《ちょうあん》を脱出して洛陽《らくよう》に還ろうとしている献《けん》帝についてです。

「西にむかって天子をお迎えし、鄴都を首都として宮殿を作り、天子をたばさんで諸侯に号令をくだし、従わない者を討てば、たれがそれを禦《ふせ》げましょうか」

もともと献帝を認めなかった袁紹ですが、沮授の進言には理《り》があるとおもい、

——天子を迎えようか。

と、心を動かしました。ところが強力に反対する者がいました。郭図《かくと》と淳于瓊《じゅんうけい》です。ふたりは、天子を迎えるといちいち天子の許諾《きょだく》を得て事をすすめることになり、天子にさからえば罪人になってしまうので、天子を迎えてはなりません、と説きました。沮授はそれに反論しました。

「いま天子を迎えれば、義を得て、時をも得るのです。早々に決定しなければ、かならず

先んずる者が現れるでしょう。権《けん》は機《き》を失ってはならず、功《こう》は速《はや》きを厭《いと》わず、というではありませんか。どうか、計画を実行していただきたい」

この進言を容れて袁紹が献帝を迎えていれば、以後、袁紹の時代になったでしょう。が、袁紹はもともと献帝の即位を認めておらず、いまさら、というおもいが強かったのでしょう、けっきょく動きませんでした。

沮授が、先んずる者、と恐れた者が曹操であったことにより、献帝を擁《よう》した曹操が天下の中心に居座《いすわ》ってしまったのです。政治とは、自身の主義の敷衍《ふえん》ではないことが、袁紹にはわからなかったというしかありません。

賢臣のひとりである田豊《でんほう》は、曹操と袁紹の勢力をくらべてみて、たとえ曹操が天子をかかえこんでいても、いまなら袁紹が勝てるとみました。そこで、

「早急に帝都である許《きょ》（のち許昌《きょしょう》）を攻めて、天子を奉迎《ほうげい》すべきです。そうしなければ、最後には生《い》け捕《ど》られ、後悔しても無益です」

と、曹操を急撃しなければ、勝機を逸《いっ》してしまう、と説きました。だが、袁紹は決断できない人です。いま手もとに天下があっても、それをつかめなかったことは、過去にもありました。ためらうこと、決断をさきに延《の》ばしたことで、曹操の勢力は拡大し、充実して

いったのです。

建安《けんあん》四年（一九九年）、袁紹は公孫瓚を討って、幽州を平定しました。すぐに袁紹は長男の袁譚《えんたん》を青《せい》州刺史《しし》とし、外甥の高幹《こうかん》を并《へい》州刺史としましたので、四州を支配国としました。

――これなら曹操を攻め潰《つぶ》せる。

自信満々《じしんまんまん》の袁紹に絶好機がおとずれました。曹操が厚遇《こうぐう》していた劉備《りゅうび》に叛《そむ》かれたため、徐《じょ》州征伐にでかけたのです。田豊は、いま曹操の背後を襲えば、いちどで平定できます、と出師《すいし》をうながしました。が、袁紹は、子の病気が気がかりだ、などといって動かなかったので、事は去りぬ、と田豊は杖《つえ》を挙《あ》げて地を撃《う》ち、嘆きました。

その後、袁紹は大軍を南下させ、許県の北に位置する官渡《かんと》を攻め、優勢をつづけましたが、曹操の奇襲をうけて惨敗しました。帰還した袁紹は、この遠征が手遅れである、と諫《かん》止《し》した田豊を殺しました。腹癒《はらい》せにしては、大人気《おとなげ》ないことです。二年後の建安七年（二〇二年）に、袁紹は失意のまま死去しました、時宜《じぎ》がわからなかった人というしかありません。

劉備

義侠集団

劉備《りゅうび》はあざなを玄徳《げんとく》といい、幽《ゆう》州涿《たく》郡涿県の出身です。桓《かん》帝の延熹《えんき》四年（一六一年）に生まれました。父は劉弘《りゅうこう》といい、祖父は劉雄《りゅうゆう》といいます。遠祖は前漢《ぜんかん》の景《けい》帝の子で、中山靖王《ちゅうざんせいおう》の劉勝《りゅうしょう》ですが、後漢《ごかん》の時代に前漢の諸王の名をだしたところで、たれもおどろきません。それらの家はほとんど没落《ぼつらく》して、貴族として残ってはおらず、名家ともよばれません。劉備の家は代々役人で、祖父の劉雄はよくできた人なのか、孝廉《こうれん》に推挙されて、兗《えん》州東《とう》郡の范《はん》県の令になりました。

劉備は幼いころに父を失いました。そこで、履《は》き物を売ったり、席《むしろ》を織《お》ったりして、母を助けました。この孝子像がのちの劉備を君子《くんし》にみせますが、劉備の実像は、おとなしい孝行息子ではなく、働くことを好まず、任侠《にんきょう》道にあこがれる少年であったとおもわれます。若いころに家業を手伝わず、裏街道を歩いていながら、のちに天下を取った前漢の高祖《こうそ》すなわち劉邦《りゅうほう》こそ、若い劉備が敬慕《けいぼ》してやまない英雄であったのではないでしょうか。

　劉備の家の東南の角《すみ》に、桑《くわ》の喬木《きょうぼく》がありました。遠くからその樹《き》をみますと、小さな車に立てる蓋《かさ》のようです。

「めずらしい形だね」

　往来する者はその樹をみあげてはしばしばそういいました。ある人が、

「この家から貴人《きじん》がでるぞ」

　と、いいました。劉備は幼いころに、一族の子どもたちとその樹の下で遊んでいましたが、突然、

「われはかならず羽《う》葆蓋車《ほうがいしゃ》に乗ってやる」

　と、大きな声でいいました。羽葆とは、鳥の羽で飾った儀式用のおおいのことで、それがある車とは、天子の車にほかなりません。

　この少年の大言壮語《たいげんそうご》はまたたくまに親戚じゅうに知れわたり、叔父の劉子敬《りゅうしけい》が血相《けっそう》をかえて劉備の家にやってくると、

「めったなことをいうものではない。人にきかれると、一門が滅んでしまうぞ」

　と、劉備をつかまえるときつく叱《しか》りました。

劉備の発言は、自分の望みをいっただけで、天子を批判したわけではありませんが、役人にそううけとられると、一族全体が処罰されてしまいます。幼くても、舌禍《ぜっか》の怖さがわかった劉備は、以後、大口をたたかなくなりました。ただし、さきの発言は、天が劉備にいわせたのでしょう。

十五歳は、志学《しがく》の歳であるといわれています。儒教《じゅきょう》の祖である孔子《こうし》が、

「われ十有《ゆう》五にして学に志《こころざ》す」

と、いったからです。そこで十五歳の劉備は県内にいる盧植《ろしょく》に就《つ》いて学ぶことになりました。このころ大学者といえば馬融《ばゆう》であり、かれの門下生からふたりの優秀な学者がでました。ひとりはこの盧植であり、いまひとりは鄭玄《じょうげん》です。後世では馬融の名はうすらぎ、鄭玄の名のみが嚇々《かくかく》としていますが、盧植は鄭玄に比肩《ひけん》するほどの学者です。しかもかれは兵を指麾《しき》してはそつがなく、行政もすぐれていました。騒乱が絶えない九江《きゅうこう》郡の太守に任命された盧植は、赴任《ふにん》すると、さっさとその騒乱を鎮《しず》めてしまい、すぐに辞任して帰郷しました。それを待っていたかのように多くの学生と生徒が入門しました。遼西《りょうせい》郡出身の公孫瓚《こうそんさん》が入門したことは、まえに述べました。十五歳の劉備も入門をゆるされたのですが、学資をだしてくれたのは、一門の劉元起《りゅうげんき》です。

劉元起には劉徳然《りゅうとくぜん》という子がいて、この子を盧植のもとへ送りだすときに、劉備を同行させたのです。劉元起の妻はそれが不満で、

「同族だからといって、家は別ですよ。どうしてそこまでなさるのですか」

と、夫をなじりました。すると劉元起は、

「一門にいるあの子は特別だ。常人ではない」

と、さとしました。

日本語としてはあまりつかわれませんが、恵みをかけて、あたため育てることを、煦育《くいく》といいます。劉氏一門のなかで、劉備は少年のころから異彩《いさい》を放っていたためか、そのように大切にされたのでしょう。

ところで劉備の就学《しゅうがく》のときの師が盧植であるというのは、おもしろい光景です。天下で屈指の学者が、いなかの中学生を教えているようなもので、多少のこっけい味《み》があります。盧植が師事《しじ》した馬融は尊大《そんだい》な人なので、新入生をじかに教えることをしませんでしたが、盧植はどうであったのでしょうか。盧植が十五歳の劉備をどうみたのか、それについての史的逸話《いつわ》はもとより俗伝《ぞくでん》さえありません。

劉備は盧植の弟子になったものの、学問は楽しくなかったでしょう。生来《せいらい》の読書ぎらい

なので、むりもありません。わからないことが多く、わからないことを師にきくわけにいかないので、同門の人にきくしかありません。そういう劉備の問いをいやがらず、答え、教えたのが公孫瓚であったのでしょう。おのずと劉備は公孫瓚と親しくなり、自分より年長の公孫瓚に兄事《けいじ》するようになりました。

盧植は門弟を教えながら、みずからの学識を高め、官途《かんと》にもどりました。それ以前に学業を怠《おこた》りはじめた劉備は、狩猟《しゅりょう》や音楽に熱中し、服飾の美しさにうつつをぬかしました。流行の遊びと音楽と衣服に心身を投じたということです。当然、遊び仲間がいたということで、年少の者たちに人気があったため、かれらを手下にしました。任俠道に踏みだしたのです。

冀《き》州北部の中山《ちゅうざん》国に張世平《ちょうせいへい》と蘇《そ》双《そう》という豪商がいました。ふたりは馬の売り買いのために涿郡をまわっていましたが、たまたま劉備をみかけて、

「ものになりそうな若者だ」

と、おもい、多額の資金を提供しました。劉備の集団を自分たちの商売に利用するために、そういう投資をしたのであれば、わかりますが、そうでなければ、ふしぎな話であるというしかありません。

とにかく大きな資金を得た劉備は、若者の組織を整備し、拡大することができました。若い顔役《かおやく》になったということです。

劉備の生涯には、いくつか不可解さが散見《さんけん》しますが、そのひとつに、まったく恩返しをしないことがあります。まず、自分を育ててくれた母になにをしたのか、また学資をだしてくれた劉元起とのつきあいはどうなったのか、その後の消息がわからないということは、劉備が離れてゆき、両者のもとにもどらないという証左《しょうさ》です。曹操《そうそう》は橋玄《きょうげん》を生涯の恩人とし、かれの子孫も橋玄を尊崇《そんすう》しました。その道徳的なありかたと、劉備は正反対にいます。

あえていえば、劉備は、

「棄《す》ててゆく人」

です。旧来の倫理《りんり》観《かん》では、それは薄情な人、恩知らず、となります。しかしながら、棄てつづけることは、保有しない、所持《しょじ》しないことであり、そのような信念と思想は、のちの仏教思想に通じていて、きわめて特異《とくい》です。

さて、劉備が義侠《ぎきょう》集団を拡充《かくじゅう》しているときに、ふたりの男がその集団に加わりました。ひとりは河《か》東《とう》郡解《かい》県の出身で関羽《かんう》（あざなは雲長《うんちょう》）といい、いまひとりは涿郡の出身で張飛《ちょうひ》（あざなは益徳《えきとく》）といいます。張飛のあざなが『三国志演義』とはちがうことに注意しておいたほうがよいでしょう。剛毅《ごうき》なふたりをみた劉備は自分を護衛させました。わかりやすくいえば、用心棒にしたということです。

つまり、黄巾《こうきん》の乱が勃発《ぼっぱつ》するまえに関羽と張飛は劉備に仕えており、むろん桃園《とうえん》の誓いなどなかったということです。張飛の出身は涿郡とあって涿県ではないということは、涿県内に実家がなかったことを暗示しています。逃亡者である関羽については、あとで述べます。

黄巾の乱は、劉備が二十四歳のときに、起こりました。

黄巾の徒の猖獗《しょうけつ》はすさまじく、光和《こうわ》七年（一八四年）の四月に、幽州広陽《こうよう》郡の黄巾の兵が、幽州刺史《しし》の郭勲《かくくん》と太守の劉衛《りゅうえい》を殺しました。劉備がいる涿郡はその広陽郡の西隣にあります。

——州郡の兵では、黄巾を鎮圧《ちんあつ》できない。

そう考えた州と郡の府は、義勇兵を募集しました。すぐに劉備はその募集に応じました。自分が形成した義侠集団が反政府の色をもっていないことを世間に知らしめ、義侠精神に箔《はく》をつけたかったからでしょう。

採用された劉備と配下の若者は、校尉《こうい》の鄒靖《すうせい》に従って黄巾討伐をおこないました。その功が認められた劉備は、冀州中山国の安喜《あんき》県の尉《い》（武官）に任命されました。

　ところが軍功によって登用された者が再審査されることになり、審査官である督郵《とくゆう》が安喜県にやってきました。自分は追放されるにちがいないとおもった劉備は、督郵に会いにゆきました。ところが督郵は仮病《けびょう》をつかって会ってくれません。嚇《かっ》とした劉備は役所にもどると、属吏《ぞくり》を従えて、督郵の宿舎におしかけ、督郵の室に踏み込むと、

「府君《ふくん》（太守）はわれに、督郵を捕らえよとひそかにお命じになった」

　と、いいました。寝台からかれをひきずりおろして縛りあげ、県境までひきずってゆき、自分の綬《じゅ》（県尉である印）を解いてかれの頸《くび》にかけてから、樹に縛りつけました。それから杖《つえ》でたたいて殺そうとしましたが、殺さないでくれと哀願《あいがん》されたので、ついに釈《ゆる》してその地を立ち去りました。劉備がこれほど狂暴になったのは、これが最初で最後です。その督郵との因縁《いんねん》はかなり深かったのかもしれません。なお『三国志演義』の作者は、そういう乱暴を張飛におしつけてしまいましたが、劉備にもそういうところがあると知らせてくれる史実のほうが、はるかにおもしろいといえます。

　とにかく冀州にいられなくなった劉備と従者は、南へ、南へと旅することになったのです。

自立への道

中国には三つの大川《たいせん》があります。

北から、河水《かすい》、淮水《わいすい》、江水《こうすい》がそれです。

大川を、なぜ大河と書かないのか、という疑問をもたれるかたがいるでしょう。じつはいまの黄河だけが、昔は河とよばれ、渡河といえば、黄河を渡ることを限定していいます。したがって淮水と江水（長江《ちょうこう》）を大河とは書けないのです。

南へむかった劉備《りゅうび》らは、淮水を越え、江水を渡って、揚《よう》州の丹楊《たんよう》（丹陽）郡にはいりました。そのころ大将軍の何進《かしん》が各地の豪傑《ごうけつ》を集めようとして、丹楊へは都尉《とい》の毌丘毅《かんきゅうき》をつかわしました。毌丘毅の募集に応じた劉備は、北へもどるかたちで江水を渡って、下邳《かひ》に到りました。そこで賊に遭遇したので、力戦して武功を立てました。その功が認められて、青《せい》州北海《ほっかい》国の下密《かみつ》県の丞《じょう》に任命されました。下邳があったのは徐《じょ》州の南部で、青州はその北に位置しています。しかも下密県は海に近い県なので、ずいぶん下邳から遠くまで行ったことになります。県丞は県令を丞《たす》ける官なので副県令といってもよいでしょう。ところが劉備は県丞をやめてしまい、そのあとに高唐《こうとう》県（青州平原《へいげん》郡）の尉に赴任《ふにん》します。

なにがあって県丞をやめ、どのような事情で県尉になったのでしょうか。

青州は黄巾《こうきん》の大勢力圏で、のちに曹操が黄巾の百万の兵と戦うことになったくらいですから、劉備の小集団が黄巾と戦って勝てるはずはなく、武功を立てたことは想像しにくいのです。おそらく、首都の洛陽《らくよう》城で何進が宦官《かんがん》に暗殺されたあと変事がつづいたことで、地方の刺史《しし》（あるいは牧《ぼく》）と郡の太守が独自の官吏《かんり》採用をはじめたのでしょう。

はたして高唐も黄巾に攻められました。劉備は寡兵《かへい》を指麾《しき》して戦いましたが、あっけなく敗れ、青州をでて北へ逃げました。高唐は青州の端《はし》に位置していますので、州の外にでるのはたやすいことです。青州のとなりは冀《き》州です。

劉備にとって幸運であったのは、旧知《きゅうち》の公孫瓚《こうそんさん》が幽《ゆう》州の兵を率いて南下し、冀州にはいっていたことです。

「公孫瓚は、われにとって兄のようなものだ」

おそらく劉備は配下の者たちにそういったでしょう。公孫瓚のもとに駆けつけた劉備は歓待され、別部《べつぶ》司馬《しば》（別働隊の長）に任命されました。このとき公孫瓚の勢力は強大で、かれは冀州を取るだけではなく、青州と兗《えん》州をも平定しようとしていました。

公孫瓚によって青州刺史に任ぜられたのが田楷《でんかい》であり、劉備は田楷を佐《たす》けるかたちで、ふたたび青州へゆかされました。いくつか戦功を立てた劉備は、高唐の北に位置する平原県を与えられました。さらに平原郡を治めることになったのです。

そのまま公孫瓚の勢力が拡大をつづけてゆけば、劉備の名はもっと早く天下に知られることになったでしょう。しかしながら公孫瓚が界橋《かいきょう》の決戦で袁紹《えんしょう》に大敗したことにより、公孫瓚の勢力は縮小してしまいました。それでも公孫瓚は冀州攻撃をあきらめず、平原郡に南下してきて、劉備らとともに、袁紹軍と戦いましたが、再度、敗北しました。

劉備は田楷とともに青州にとどまり、東へ移動して斉国《せい》にはいり、そこに駐屯しました。公孫瓚が幽州からでなくなれば、劉備と田楷は孤立無援《こりつむえん》になってしまいます。

「もう公孫瓚を恃《たの》むのはやめましょう」

と、関羽《かんう》と張飛《ちょうひ》はいったにちがいありません。劉備も公孫瓚に限界を感じていたでしょうから、あらたな英雄をみつけて、その人のために働きたいと考えはじめたでしょう。しかし州郡の主《あるじ》は袁紹を盟主《めいしゅ》とする者が多く、袁紹と対立する側にいる劉備をこころよく迎えてくれる大物はいそうにありません。

主従ともに不安をおぼえているこのときに、田楷から使者がきました。

「徐州牧の陶謙《とうけん》が曹操に攻められて苦しんでいる。救援を求めてきたので、陶謙を助けようではないか」

「承知しました」

劉備はすぐに動きました。

陶謙は袁紹に属さない第三勢力を形成しようとした人です。しかし配下の兵が曹操の父と弟を殺したことで、曹操に怨《うら》まれて、猛攻をうけることになりました。救援の求めにすぐに応じてくれた劉備をみた陶謙は、すっかり気にいり、四千の兵をさずけました。もともと劉備は千数百の兵をもち、途中で数千の飢《う》えた民をかかえました。

急に曹操軍が引き揚げたので、劉備は活躍の場を失いましたが、陶謙にひきとめられたため、田楷と別れて徐州に残ることにしました。陶謙から小沛《しょうはい》（沛国沛県）を与えられただけではなく、豫《よ》州刺史となるように上表《じょうひょう》してもらえました。以後、劉備はしばしば、

「豫州どの」

と、呼ばれるようになります。なお、小沛はわずかに徐州の外にあって、豫州に属しています。両州の境にある県といったほうがわかりやすいでしょう。

ほどなく陶謙は罹病《りびょう》しました。病が篤《あつ》くなったとき、別駕《べつが》の麋竺《びじく》に、

「劉備でなければ、この州を安定させられまい」

と、いいました。陶謙には、陶商《とうしょう》と陶応《とうおう》というふたりの男子がいます。しかしながら、徐州の南には虎のごとき袁術《えんじゅつ》がいて、西には狼のごとき曹操がいます。自分の子には、その獰猛《どうもう》なふたりを壮烈《そうれつ》に撃退できるほどの器量がない、と冷静にみていました。それゆえ陶謙は自分の死後には、徐州を劉備に守らせたい、とほのめかして逝去《せいきょ》しました。

すぐに麋竺は州民を率いて劉備を迎えようとしました。が、劉備は引き受けません。

すると賢人《けんじん》といってよい陳登《ちんとう》や北海国の相《しょう》である孔融《こうゆう》が、しりごみする劉備をことばで後押《あとお》ししました。孔融は孔子《こうし》の裔孫《えいそん》といわれる人で、浮き世離れした仁政《じんせい》を敢行《かんこう》しましたが、人を観《み》る目はたしかです。かれは劉備に、

「天が与えた物を受けとらないと、あとで悔《く》やんでも、とりかえしはつかない」

と、さとしました。徐州は、天が劉備に与えた物だ、というのです。

――そこまでおっしゃるなら……。

劉備は孔融のことばに従い、徐州をひきうけました。

陶謙がいなくなれば徐州はわれのものだとおもっていた袁術は、劉備などどこの馬の骨か、と軽視し、軍を北上させて徐州を攻めました。劉備軍は淮水のほとりの盱眙《くい》と淮陰《わいいん》で

袁術軍を阻《はば》みました。両軍の対峙《たいじ》がひと月つづいたあと、劉備にとって痛恨事《つうこんじ》が生じました。

となりの兗州で曹操と戦っていた呂布《りょふ》が、敗走して、劉備のもとに逃げこんできたのですが、袁術にそそのかされてにわかに叛逆し、下邳県を急襲して劉備の妻子を捕らえたのです。背後を衝《つ》かれたかたちの劉備は、海に近い海西《かいせい》県へ逃げましたが、飢えに苦しみ、ついに呂布に降伏しました。

この降伏を容《い》れた呂布は、捕らえていた妻子を返し、劉備を小沛へ送り、みずから徐州牧となりました。

庇《ひさし》を貸して母屋《おもや》を取られる、とは、まさにこのときの劉備をいうのでしょう。

小沛にもどった劉備には、多分に悔やしさがあったのでしょう、すぐに兵を集めはじめました。その兵の数が一万をこえるころ、

「劉備め、なにをたくらんでいるのか」

と、猜疑《さいぎ》した呂布は、みずから兵を率いて劉備を攻めました。ひとたまりもなく敗退した劉備は、曹操のもとへ奔《はし》りました。曹操が献《けん》帝のために首都とした許《きょ》県は、豫州西部の潁川《えいせん》郡にありましたから、劉備は豫州東端の小沛からはるばる豫州を横断したことになり

ます。

劉備は曹操に厚遇されました。劉備がたいした志望をもっていなければ、曹操に臣従し、将軍となって生涯を終えたでしょう。が、劉備はどれほど曹操に厚遇されても、居《い》ごこちの悪さをおぼえていたようです。

曹操は袁紹との決戦をみすえながらも、劉備をともなって徐州を攻める計画を立て、さきに劉備を小沛に送り込みました。が、劉備は呂布の属将の高順《こうじゅん》に敗れました。そこで曹操はみずから東征《とうせい》におもむき、呂布を下邳において包囲し、ついに捕斬《ほざん》しました。徐州は平定されたのです。

――これで徐州はわたしにまかせてもらえるのではないか。

劉備はそうおもったかもしれません。しかし曹操は徐州を車冑《しゃちゅう》にまかせて、劉備とともに許にもどりました。劉備はひそかに落胆したでしょう。

曹操と皇帝の近くにいる劉備が感じた居ごこちの悪さのひとつに、献帝が曹操を暗殺しようとたくらみ、その計画に劉備を引き入れようとしたことが挙《あ》げられます。献帝が曹操に縛られたかたちで、意《い》のままにならないのを嫌って、曹操を殺したいのはわかりますが、この乱世にあって、献帝がおもい通りの政治をおこなう政府を提供してくれる英雄などいましょうか。献帝が想っていることは、幻想にすぎないとわかる劉備は、許からでる機会をうかがっていました。

天祐《てんゆう》というべきでしょうか、南方にいた袁術が北方の袁紹のもとへゆくために、徐州を通ることが曹操に報《しら》されました。袁紹との戦いをひかえている曹操は、袁術を撃退するために、劉備を徐州にむかわせたのです。許をでた劉備は、二度と許にはもどりたくない、とおもったでしょう。

袁術と戦うつもりで下邳にはいった劉備は、気組《きぐ》みを解くことになりました。なんと袁術は病死していたのです。

昭烈皇帝

劉備《りゅうび》を徐《じょ》州へむかわせたことについて、曹操《そうそう》の重臣である程昱《ていいく》は、

「かならずかれは異心《いしん》をいだきましょう」

と、いい、曹操を諫《いさ》めましたが、手遅《ておく》れでした。たれにも指図されない道を独行《どっこう》したい劉備は、徐州刺史《しし》の車冑《しゃちゅう》を殺して自立しました。下邳《かひ》に関羽《かんう》を置き、自身は小沛《しょうはい》にもどっ

たのです。

怒った曹操は属将を征伐にむかわせましたが、勝てなかったので、自身が劉備を攻撃しました。劉備は敗走し、袁紹《えんしょう》に身を寄せました。置き去りにされた関羽は曹操に捕らえられました。このあと関羽は曹操に厚遇《こうぐう》されます。

曹操との決戦に臨《のぞ》んだ袁紹は、曹操の背後をおびやかす策に、劉備をつかいました。汝《じょ》南《なん》の黄巾《こうきん》である劉辟《りゅうへき》が袁紹に呼応したので、劉備は劉辟とともに許《きょ》の周辺を荒らしまわりました。その後、袁紹のもとにもどった劉備ですが、袁紹のために働くことに不都合が生じました。曹操に厚遇されていた関羽が、曹操軍の将として、袁紹の属将である顔良《がんりょう》を斬ったのです。猜疑《さいぎ》心の強い袁紹が、劉備に責任をとらせて処罰するにちがいないのです。そこで袁紹のもとから去るための工夫をした劉備は、南陽《なんよう》郡の劉表《りゅうひょう》との連携《れんけい》を進言し、南へむかいました。

汝南《じょなん》郡には龔都《きょうと》という賊がいて、劉備はかれらとともに曹操軍の後方攪乱《かくらん》をおこないました。かたちとしては袁紹のために働いているのですが、この時点で、袁紹に見切りをつけたといえましょう。

袁紹が官渡《かんと》の戦いで大敗したと知った劉備は、

——恃むべきは劉表か。

と、おもい、糜竺《びじく》と孫乾《そんけん》を劉表のもとへ遣《や》りました。孫乾は青《せい》州北海《ほっかい》国の出身で、劉備が徐州牧《ぼく》のときに出仕しました。外交能力があるので、渉外《しょうがい》担当となり、このときもたくみに劉表を説いて、劉備を迎え入れさせました。

劉表は歓迎の意を表《あらわ》すために郊外まで出て、劉備を迎えたのです。さらに、最上の賓客《ひんかく》にたいする礼をもって劉備を待遇し、自身の兵を与えて、新野《しんや》県に駐屯させました。

この時点で、すでに関羽は曹操のもとから去り、張飛だけでなく、公孫瓚《こうそんさん》の下にいた俊英《しゅんえい》の趙雲《ちょううん》も、劉備のもとに集合していました。それにしても劉備はふしぎな人です。さきに曹操を裏切って小沛にもどり、曹操の攻撃をうけたとき、配下の安否《あんぴ》を気にかけもせず、身ひとつで逃げたのです。見棄てられた者たちは、それでも劉備を慕《した》ってあとを追ってきたのです。また、官渡の戦いのあとに群雄をながめてみると、いまだに生きている大物は、曹操と孫権《そんけん》、それに劉表しかいません。敗戦の多い劉備がなおも生きていることは、奇蹟《きせき》に比《ちか》いといえましょう。

「逃げの劉備」

それもひとつの劉備像でしょう。すべてを棄ててゆくことによって、いのちを拾う。生きかたとしては、放《はな》れ業《わざ》といえましょう。

明確な思想をもたず、配下をおもいやる心ももたない劉備に、随従《ずいじゅう》しつづける者たちの心情と考えとは、どのようなものなのでしょうか。かれらは、すでに固定したといえる曹操と孫権の政権に、どうしようもない違和感をおぼえていたのでしょう。かれらがそれぞれの理想を描くためのカンバスは、劉備を措《お》いてほかにはないという状況を想えばよいでしょう。すなわち無位無冠となった劉備は、これからどのような絵も描ける白いカンバスにほかならないといえます。

さて、劉備とちがって劉表は、きわどいことを避けてきた人です。かれは兗《えん》州山陽《さんよう》郡の高平《こうへい》県の出身です。霊《れい》帝の崩御《ほうぎょ》のあとに、荊《けい》州刺史に任ぜられました。

荊州の北部に袁術《えんじゅつ》がいたとき、危機がありました。袁術配下のなかでも最有力の将である孫堅《そんけん》（孫策《そんさく》と孫権の父）に攻められましたが、かろうじて危殆《きたい》をまぬかれました。それをはずみとして、袁術との力くらべに勝ち、また、荊州南部の平定を完了しました。

軍事はおもに黄祖《こうそ》にまかせ、内政の充実をこころがけ、教育にも熱心でした。州内に好学の風土を作ったといってよいでしょう。それゆえ、戦乱を嫌い、学問をしたい多くの者は、劉表が本拠とした襄陽《じょうよう》とその周辺に集まりました。

このことが劉備にさいわいしました。劉備が新野にいるあいだに、至宝《しほう》というべき人物を得たのです。襄陽の西の隆中《りゅうちゅう》（隆中山）に棲《す》んでいた諸葛亮《しょかつりょう》（孔明《こうめい》）を、三度訪ねて、臣従《しんじゅう》させたのです。

ところで、劉表の客将にすぎない劉備に、諸葛亮が仕えたのはなぜでしょうか。諸葛亮の出身が徐州であることを想えば、劉備が徐州牧であったという事実を憶《おも》いだす必要がありそうです。

自立したいがために逃げまわってきた劉備は、諸葛亮に遭《あ》って、はじめて展望をもちました。

「荊州と益《えき》州を取ることで、自立する」

自立するとは、そういうことだ、と若い諸葛亮に教えられたのです。しかしながら、げんに荊州は劉表の支配地であり、となりの益州の中心郡である蜀《しょく》郡には劉璋《りゅうしょう》がいます。

——この二州を取れるはずがない。

劉備はそうおもったにちがいありません。しかし諸葛亮は荊州と益州の実情を観察できる目をもっていて、劉備であれば、この二州を取れると予断したとみるべきです。

まず荊州に変化が生じました。劉表が亡くなったのです。それ以前に後継争いがあり、長男の劉琦《りゅうき》は外にでて江夏《こうか》太守となり、弟の劉琮《りゅうそう》が後継者となりました。ここまでは諸葛亮の予想通りであったでしょう。ところが、直後に、曹操が軍を南下させて、荊州を攻略しはじめたことについては、どうでしょうか。

とにかく劉琮が州をあげて曹操に降伏したため、劉備は南へ逃げて、江夏郡の夏口《かこう》（夏《か》水《すい》が江水《こうすい》にながれこむ所）にたどりつきました。劉琦と誼《よしみ》を通じあっていたため、かろうじて避難できたのです。

その後の劉備については『三国志演義』と重複《ちょうふく》するところが多いので、はしょらざるをえません。それでも、ひとつ重視しておきたいことがあります。劉備が夏口まで逃避行をつづける途中に、呉《ご》の孫権の重臣である魯粛《ろしゅく》に遭います。そのとき魯粛から、

「豫《よ》州どのは、どこへ行かれるつもりか」

と、問われます。劉備は迷わず、

「蒼梧《そうご》太守の呉巨《ごきょ》とは昔なじみなので、かれに身を寄せます」

と、答えます。蒼梧郡は最南端の交《こう》州に属する郡です。それより近いところにいる孫権を頼りたい、といわなかったのです。劉備は孫権が好きではないのでしょう。生涯、その感情は変わらなかったとみえます。

それでも、孫権と結ばなければ生きのびる道はないと自分にいいきかせた劉備は、諸葛亮を孫権のもとへ遣って、呉と同盟しました。ほどなくはじまった魏《ぎ》軍と呉軍との戦いでは、赤壁《せきへき》において呉軍が大勝したことで、その同盟は劉備に活路を与えました。

劉備は独力で荊州南部の四郡を取り、さらに飛躍して、益州蜀郡の劉璋を降伏させて、益州北部を支配できるようになりました。群臣の声に推《お》されて、劉備が漢中《かんちゅう》王になったのは、五十九歳のときです。翌年の建安《けんあん》二十五年（二二〇年）に曹操が薨《こう》じ、曹丕《そうひ》が魏王になりましたが、おなじ年に献帝が曹丕に帝位をゆずったのです。その事実は蜀の群臣を大いに刺戟《しげき》しました。

「劉を氏としない者が皇帝になってよいのか」

この憤激《ふんげき》が、劉氏である劉備こそまことの天子である、という熱烈な気分をつくり、その気分に押し上げられたかたちで、黄初《こうしょ》二年（二二一年）に、劉備は践祚《せんそ》しました。

「昭烈《しょうれつ》皇帝」

これが劉備の諡号《しごう》です。

しかし皇帝になったとはいえ劉備はさびしかったでしょう。すでに関羽を喪《うしな》っていたのです。棄てつづけることによって、ついに蜀という帝国を得たものの、自分の手足にひとしい者を失った。つまり得ることは失うことだ、と気づいた劉備は、自身を棄てようとして呉を攻めたといえます。呉の攻略に失敗して帰還した劉備は、益州の最東端に位置する永安《えいあん》において病となり、そこで崩御します。享年は六十三です。

　駆けつけた諸葛亮に、劉備は、

「君の才能は曹丕の十倍もある。もしもわが子が不才《ふさい》であれば、君は蜀の国を取ればよい」

と、いいましたが、それは本心でしょう。昔、徐州の陶謙《とうけん》は似たようなことを劉備にいってくれたでしょう。劉備が関羽、張飛とともに求めたのは、心意気《こころいき》の世界であったのかもしれません。

　さて、さいごに、劉備の戦いかたについて多少は述べておかねばならないでしょう。曹操のように兵法書を精読したことがない劉備は、たしかに戦いではしばしば負けました。が、壮年になってからの劉備は、曹操の属将には勝っているのです。おもしろいことに、曹操にはかならず負けます。それで連想されるのは、

「三舎《さんしゃ》を避《さ》く」

ということばです。春秋時代に諸国をさすらっていた晋《しん》の公子の重耳《ちょうじ》が、楚《そ》の成《せい》王に厚

遇されます。楚の成王は、この礼はどのように返してもらえるのか、と重耳に問います。すると重耳は、

「もしも楚と戦うことになったとき、わが軍は三日分の行程だけ後退します」

と、答えます。劉備は恩返しをしない人であるといいましたが、曹操に厚遇されたことは忘れず、三舎を避く、ということをおこなったのではありますまいか。ただし劉備が重耳を知らなければ、それは妄説《ぼうせつ》にすぎなくなります。

孫権

父・孫堅の義戦

孫権《そんけん》はあざなを仲謀《ちゅうぼう》といい、霊《れい》帝の光和《こうわ》五年（一八二年）に、孫堅《そんけん》の次男として生まれました。長男が孫策《そんさく》です。

三人とも、三国志の世界には不可欠な人物で、孫堅の台頭《たいとう》ぶりにはめざましいものがあ

りました。

まず、孫堅の活躍をしっかりみてゆきましょう。

孫堅はあざなを文台《ぶんだい》といい、揚《よう》州呉《ご》郡の富春《ふしゅん》の出身です。十七歳のときに、父とともに船に乗って、海に近い銭唐《せんとう》にでかけました。途中で、海賊をみかけました。海賊たちは水辺に屯《たむろ》して、強奪《ごうだつ》してきた財物《ざいぶつ》を分けていたのです。正義感の旺盛《おうせい》な孫堅は船中からそれをみて、ゆるせないとおもい、

「あの賊を撃つことができます。どうか、わたしに撃たせてください」

と、父に懇願しました。父はおどろいたでしょう。

「なんじの手に負える相手ではない」

そういわれてもあきらめる孫堅ではありません。船を陸に近づけてもらい、刀をつかむと、岸にあがりました。孫堅はたったひとりです。かれの勇気には才知がともなっています。賊の目にとまるように、手を挙《あ》げ、その手で東と西を指しました。まるで、合図を送っているようです。この遠い人影に気づいた海賊たちは、

「しまった」

と、あわてふためきました。ひそかに接近してきた捕吏《ほり》に包囲されたと早合点《はやがってん》したので

す。かれらは財物を棄《す》てるや、ちりぢりに逃げ去りました。孫堅は追走しました。追いついた賊のひとりを斬り、その首をもってかえってきたのです。船中でその一部始終を観《み》ていた人々は拍手喝采《はくしゅかっさい》をその少年におくったことでしょう。

「富春の少年が独《ひと》りで海賊を退治した」

この評判は郡府にとどき、孫堅は太守に召されて、仮《かり》の尉《い》に任ぜられました。仮とは、代行、といいかえてもよいのです。

それからほどなく孫堅は武功を立てます。

呉郡の南隣の会稽《かいけい》郡に許昌《きょしょう》という妖賊《ようぞく》がいて、かれが息子の許韶《きょしょう》とともに叛乱を起こしたのです。ところで妖賊とはなんでしょうか。政府の規制からはみだす者、従わない者は、すべて賊ですが、妖賊はそのなかでも宗教色を帯びている者をいいます。許昌はみずから陽明《ようめい》皇帝と名告《なの》り、県民を煽動《せんどう》して、数万の兵を得ました。孫堅は十代でありながら郡の司馬《しば》に任ぜられ、精悍《せいかん》な男を募《つの》って千余人を率いると、州郡の兵と共同で、その妖賊を撃破しました。

揚州刺史《しし》の臧旻《そうびん》は孫堅の功を朝廷に知ってもらうために上表《じょうひょう》をおこないました。そのおかげで、孫堅は塩瀆《えんとく》県の丞《じょう》に任ぜられ、数年後には、盱眙《くい》県の丞に移り、さらに下邳《かひ》県の丞となりました。江水を越えて、居《きょ》を徐《じょ》州へ移したのです。ちなみに下邳は劉備《りゅうび》と関羽《かんう》あるいは呂布《りょふ》がのちに本拠としたように軍事的に重要な県です。沂水《きすい》、桐水《とうすい》、泗水《しすい》の合流地点にあり、それらの川が天然《てんねん》の濠《ほり》となって県を護《まも》ってくれています。

なお、黄巾《こうきん》の乱が勃発《ぼっぱつ》する中平《ちゅうへい》元年（一八四年）まで、孫堅は下邳にいたようですから、孫権は下邳で生まれたとみてよいでしょう。孫権の兄の孫策は、父の孫堅が妖賊を討った年から三年後の熹平《きへい》四年（一七五年）に生まれていますので、生誕《せいたん》地が塩瀆県なのか、それとも盱眙県なのか、はっきりしません。

さて、黄巾の乱です。この乱がさまざまな人の運命を左右し、変転させたことは、さきの劉備の義挙《ぎきょ》をひきあいにだすまでもないでしょう。黄巾の鎮討《ちんとう》を命じられた将帥《しょうすい》のひとりが朱儁《しゅしゅん》でした。朱儁は会稽郡上虞《じょうぐ》県の出身で、上虞県が呉郡に近いこともあって、早くから孫堅の勇名《ゆうめい》を知っていました。それゆえ、黄巾という未曾有《みぞう》の難敵《なんてき》と戦うにあたって、どうしても孫堅を配下に加えたい朱儁は、

「孫堅を佐軍司馬《さぐんしば》としたい」

と、上表し、許可されました。

それを伝えられた孫堅は喜躍《きやく》し、すぐさま兵を集めました。郷里の富春から多くの若者

が孫堅を慕《した》って下邳に移り住んでいました。かれらはこぞって従軍を希望しました。

「それでも兵が足りない」

と、おもった孫堅は、行商《ぎょうしょう》をおこなっている者をも誘い、さらに淮水《わいすい》や泗水のほとりにいる精兵をかき集めて、千ほどの兵を得ると、朱儁の麾下《きか》にはいりました。汝南《じょなん》郡と潁川《えいせん》郡の黄巾は朱儁軍に圧迫され、南陽《なんよう》郡の宛《えん》城に逃げこむと、そこに立《た》て籠《こ》もりました。宛は大きな県です。当然、城も大きいのです。その城を見上げた者たちは、

——落とすには、月日がかかる。

と、おもったにちがいありません。しかし孫堅は兵法の常識にとらわれません。黄巾の兵が城の大きさに安心し、防備をおこたっているとみるや、城門を攻撃し、みずから城壁を登って城内に突入したのです。孫堅のうしろをすすんでいた兵が続々と城内にはいったため、黄巾の兵は虚《きょ》を衝《つ》かれたかたちで混乱し、敗走しました。

ところで、孫堅は兵法の常識にとらわれない、と書きましたが、じつは孫堅の遠祖こそ、はじめて兵法を作った孫武《そんぶ》（春秋時代の呉の将軍）なのです。孫武が著《あらわ》した『孫子』という兵法書は、何百もある兵法書のなかで最高といわれ、永久に読まれてゆく傑作といってよいでしょう。『孫子』の兵法の根幹《こんかん》には、

――敵の意表《いひょう》を衝く。

ということがありますので、孫堅は遠祖の兵法を忠実に体現したといいかえたほうがよいかもしれません。

とにかく朱儁は孫堅の比類《ひるい》ない勇気に感嘆《かんたん》し、その戦いぶりをつぶさに記して上表しました。朱儁は篤実《とくじつ》な人なのです。配下の武勲をおのれのものにするような狡《ずる》い将帥ではありません。この上表によって、孫堅は別部司馬《べつぶしば》に任ぜられました。

黄巾の乱は天下を震動させました。

西方では辺章《へんしょう》と韓遂《かんすい》が叛乱を起こしました。朝廷は中郎将《ちゅうろうしょう》の董卓《とうたく》を鎮討《ちんとう》にむかわせましたが、なんの成果もなかったので、車騎《しゃき》将軍の張温《ちょうおん》に討伐をおこなわせることにしました。張温は荊《けい》州南陽郡の出身ですが、孫堅の武勇についてはよく知っており、上表して参謀の任につかせました。なお、このとき参謀となったのは、ほかに陶謙《とうけん》がいます。陶謙は揚州丹楊《たんよう》郡の出身なので、孫堅とは気が合ったと想いたいのですが、のちに陶謙は孫堅の子の孫策を毛ぎらいしますので、ここでのふたりの関係は微妙であったのかもしれません。

西方の騒乱を鎮《しず》めるためには、副都というべき長安《ちょうあん》にはいり、そこで策を練《ね》るのがふつうです。張温もそうしました。その際、天子の命令書というべき詔書《しょうしょ》をもって、董卓を召し寄せようとしました。が、董卓の反応はにぶく、ずいぶん遅れてやってきました。張温はその遅参《ちさん》を責《せ》めましたが、董卓の態度は不遜《ふそん》そのものでした。それをみていた孫堅は慍《むっ》とし、

――董卓には、天子と朝廷のために働く気はないのだ。

と、みぬいて、董卓を厳罰に処するように、小声で張温に進言しました。が、張温はその進言を容《い》れる決断力がなく、董卓の無礼を大目《おおめ》にみました。のちに張温が董卓に笞殺《ちさつ》されることを想えば、ここで誅殺《ちゅうさつ》しておくべきであったといえます。董卓はいかなる相手も、内心みくびる性癖《せいへき》をもっていますが、孫堅だけは、

――怖《こわ》い男だ。

と、感じたようです。

遠征から帰還した孫堅は、議郎《ぎろう》の官をさずけられました。それからほどなく、荊州の長沙《ちょうさ》郡で叛乱が生じたため、孫堅は長沙太守に任ぜられて、叛乱の鎮圧にあたりました。その叛乱をわずか一か月で鎮めてしまった孫堅は、近隣の零陵《れいりょう》郡と桂陽《けいよう》郡の叛乱も鎮圧するという殊勲《しゅくん》を立てたのです。そこで孫堅は烏程《うてい》侯に封《ほう》ぜられました。官吏《かんり》から小領主に昇格したのです。

まえに述べたように、霊帝が崩御《ほうぎょ》した年、つまり中平六年（一八九年）に大乱のきっかけがあり、翌年（初平《しょへい》元年）から群雄割拠《ぐんゆうかっきょ》がはじまります。

——あの董卓が朝廷を乗っ取ったのか。

あのとき誅《ころ》しておくべきだったと舌打ちをした孫堅は、すぐさま挙兵します。用心のために妻子を舒《じょ》県（揚州廬《ろ》江《こう》郡）に移しました。

長沙を発し、北上して首都の洛陽《らくよう》に達するためには、南《なん》郡と南陽郡を通過しなければなりません。その途上にいる荊州刺史の王叡《おうえい》はつねづね孫堅を軽侮《けいぶ》してきました。王叡がこの義挙に協賛するはずがなく、さまたげになるだけだとおもった孫堅は、王叡を容赦なく殺し、南陽郡に進入すると、邪魔《じゃま》になるだけの太守の張咨《ちょうし》をもかたづけました。北進をつづけた孫堅が達したのが、魯陽《ろよう》県です。そこには、董卓を嫌って洛陽を退去してきた袁術《えんじゅつ》がとどまっていました。

袁術はたいそう自尊心が強く、嫉妬《しっと》深く、しかも横着《おうちゃく》な人です。孫堅のように強烈な正義心をもっている者が、袁術に遭《あ》ったのは不運といってよいでしょう。袁術に従うかたちになった孫堅は、魯陽県を発して河南尹《かなんいん》にはいりました。梁《りょう》県の東で董卓軍に襲われて敗走しましたが、陣を立て直し、陽人《ようじん》において大いに董卓軍を破りました。恐れた董卓は孫堅に和睦《わぼく》をもちかけましたが、それを拒絶した孫堅は大谷関《たいこくかん》を突破し、洛陽にはいりました。しかし洛陽は董卓によって焼き払われた首都で、みわたすかぎり無残《むざん》なものでした。

　軍を駐屯させているところから遠くない場所に井戸があり、そこから五色の気が立ち昇っているので、井戸を探らせたところ天子の印というべき璽《じ》を得ました。孫堅の勤皇《きんのう》の心を神霊が嘉《よみ》したのかもしれません。

　孫堅は、董卓があばいた陵墓《りょうぼ》を修復し、王室の宗廟《そうびょう》の掃除《そうじ》をして、太牢《たいろう》（牛、羊、豕《いのこ》の肉を合わせた料理）をそなえて祭ったのです。

　魯陽にもどった孫堅は、袁術に命じられて、軍を南下させ、王叡の後任として荊州刺史となった劉表《りゅうひょう》を攻めることになりました。この孫堅軍を迎え撃ったのは、劉表の属将の黄《こう》祖《そ》です。やすやすと黄祖を撃破した孫堅は、本拠の襄陽《じょうよう》を包囲しました。勝ったも同然の戦いでしたが、城外の峴《けん》山を単騎で通行しているさなか、黄祖配下の兵が放った矢に中《あた》って落命しました。

　三十七歳でした。

　袁術は孫堅を信じてはおらず、使えるうちは使っておこうという肚《はら》であったようです。人を愛さず、信じず、欲望のかたまりとなった袁術は、孫堅を失って、魯陽からの退去を余儀《よぎ》なくされ、やがて天子を自称しますが、その末期《まつご》はあわれです。

兄・孫策の勇躍

孫策《そんさく》が父の戦死を知ったとき、十八歳であったとおもわれます。

孫策はあざなを伯符《はくふ》といいます。孫策の下には孫権《そんけん》、孫翊《そんよく》、孫匡《そんきょう》、孫朗《そんろう》（異腹）という弟がいます。父が挙兵するまえには、母と弟とともに揚《よう》州九江《きゅうこう》郡の寿春《じゅしゅん》に住んでいました。孫策は十歳をすぎると名士とのつきあいをはじめたのですから、早熟の人です。かれの評判は近隣の郡に伝わりました。九江郡の西隣の郡が廬江《ろこう》郡です。その郡の舒《じょ》県に住む周瑜《しゅうゆ》という少年は、耳にした評判に関心をもち、孫策に会いにきたのです。孫策と周瑜は同年でした。

すぐにふたりは意気投合しました。ふたりの友情の固さについて『江表伝《こうひょうでん》』は、

「断金《だんきん》」

すなわち、金属を断ち切るほどだ、と表現しています。ただしこのことばは『江表伝』の著者の発明ではなく、すでに占いの書である『易《えき》』のなかにありますので、友情の固さ

を表現する場合、常用されていたと想ってよいでしょう。

「断金の契《ちぎ》り」

ということばもありますので、ついでにおぼえておくとよいでしょう。孫堅《そんけん》が董卓《とうたく》を討つべく挙兵した際に、家族を舒県へ移したらよい、と進言したのが周瑜です。

周瑜の邸《いえ》の南側の邸宅に住むようになった孫策は、周瑜の母にあいさつにゆき、以後、両家は交際するようになりました。この地で訃報《ふほう》に接した孫策は、父の遺骸《いがい》を奉《ほう》じて江水《こうすい》をくだり、呉《ご》郡の北部にある曲阿《きょくあ》県に到って、そこで埋葬《まいそう》しました。

父は烏程《うてい》侯という爵位をもっていました。それを弟の孫匡にゆずった孫策は、曲阿をでて江水を渡り、北岸にある江都《こうと》に居《きょ》を定めました。この県は曲阿から遠くはないのですが、徐《じょ》州に属しています。

この年は初平《しょへい》三年（一九二年）で、天下が大揺れに揺れているさなかです。比較的に安定していたのは陶謙《とうけん》が治めている徐州で、孫策はこの徐州で生まれたこともあり、父が長く住んでいた下邳《かひ》もあることから、ここで進路をみつけるつもりであったでしょう。

しかし、なかなか進路はみつかりません。悩みの深い孫策は、江都の北の広陵《こうりょう》に、張紘《ちょうこう》という賢人がいると知って、面会にゆきました。張紘は母の喪《も》に服していましたが、会ってくれました。孫策は志望を述べましたが、張紘は、

「もともとわたしにはなんの才能もなく、ただいまは喪中にあります。あなたの盛図《せいと》を奉《ほう》賛《さん》することはできません」

と、さらりとかわしました。

きれいごとをいっていては、この人の心を憾《うご》かせないとさとった孫策は、涙をながしながら本心をうちあけました。呉郡と会稽《かいけい》郡を平定して、父を殺した黄祖《こうそ》を討ちたい、それが本心です。

——この若者には誠心《せいしん》と壮図《そうと》がある。

それに感動した張紘は、ひとまず丹楊《たんよう》へ往き、それから呉郡と会稽郡の兵を集めて立つがよい、と教えます。さいごに、

「もしも成功なされば、わたしは同好《どうこう》の士《し》とともに、あなたのもとに参じましょう」

と、いいました。張紘はのちに孫策だけでなく孫権をも輔《たす》けることになります。

孫策は張紘の助言に従って江都をあとにして、江水を南へ渡り、母を曲阿に住まわせました。初平四年（一九三年）のことでしょう。徐州をでたのは、徐州牧《ぼく》の陶謙に忌《い》み嫌《きら》わ

れたせいでもあります。なぜ孫策が陶謙に毛ぎらいされたのか、正史は明示していません。

このころ、魯陽《ろよう》を引き払った袁術《えんじゅつ》が、つぎの拠点を求めて兗《えん》州に侵入し、曹操《そうそう》と戦い、徐々《じょじょ》に南下していました。その袁術を警戒する陶謙は、袁術と呼応して徐州を擾《みだ》すかもしれない孫策の存在をうとましくおもったのかもしれません。

孫策は曲阿から西行して丹楊へ往きました。そこには母の兄弟である呉景《ごけい》が太守としていました。この地で孫策は兵を募《つの》ったのですが、集まった兵の数は数百にすぎませんでした。

——この寡《すく》なさでは、どうにもならない。

孫策は失望したでしょう。

やがて進路がみえました。南下をつづけた袁術が寿春にはいり、揚州刺史《しし》の劉繇《りゅうよう》を逐《お》って、その県を本拠に定めたのです。劉繇はやむなく江水を越えて曲阿に府を置きました。

——袁術に従おう。

孫策は寿春へ往きました。袁術は父を使い捨てにした人だ、という意識が孫策にはあったでしょう。しかし実際に父を殺したのは黄祖であり、袁術ではありません。袁術は劉《りゅう》表《ひょう》に逐われ、曹操に敗《やぶ》れたものの、まだ盛名《せいめい》を保持しています。父が仕えた袁術に自分も仕えて、天下に勇名《ゆうめい》をはせたい、というのが孫策の心情であったにちがいありません。

二十歳になるかならぬかという年齢の孫策をみた袁術は、

——孫氏の若造《わかぞう》がきたのか。

と、心のなかで渋面《じゅうめん》をつくりました。が、表情はあえてにこやかにして、

「よくぞ、まいった。奇《き》特《どく》、奇特」

と、褒《ほ》めました。袁術がみた孫策は、若いくせに自信家で、役に立たないくせにこうるさい、というものでした。

——こういう若造は、おだてて使うにかぎる。

袁術はほどなく、孫策に、

「なんじを九江太守に任ずるであろう」

と、喜ばせておきながら、実際には陳紀《ちんき》をその任につけました。また袁術のいうことをきかない盧江太守の陸康《りくこう》を孫策に攻めさせることにし、

「さきにまちがって陳紀を任用した。が、このたびは、うまくいけば、盧江は君のものだ」

と、いいました。孫策は陸康の城を攻め落としました。が、袁術は孫策へのことばを忘

れたのか、古参の劉勲《りゅうくん》をその太守に任じました。

——袁術には信《まこと》がない。

落胆した孫策は、袁術から離れることを考えはじめました。

——そうだ。

いま呉景と孫賁《そんほん》が、劉繇に圧迫されて歴陽《れきよう》にいます。孫賁は父の兄の子で、孫策にとっては従兄《じゅうけい》にあたります。このふたりは袁術の意《い》を承《う》けて江東《こうとう》（呉郡・丹楊郡の江水南岸域）の鎮定にあたっていましたが、劣勢《れっせい》のまま、丹楊郡をでて九江郡の南端の歴陽にとどまっています。そこで孫策は袁術に訴えました。

「苦戦している呉景らを援けて、江東の平定にあたりたいのです」

「ふむ……」

この若造がわれに遺恨《いこん》をもっていることはわかっている。激戦地へ遣《や》って戦死するのであれば、それでもかまわないが、江東の平定が至難であることはわかっているので、そこで死んでもらおうか。袁術の胸裡《きょうり》の想念《そうねん》とはそういうものでした。

「よかろう。征《ゆ》け」

この許可によって孫策は凶《わる》い羈縛《きばく》から解《と》き放《はな》たれました。人材をみぬく目をもたない袁術は身近にある大きな才能を失ったことになります。

　江水を渡った孫策は、劉繇を厳《きび》しく攻めて、ついに駆逐《くちく》しました。呉人《ごひと》の厳白虎《げんはくこ》らは孫策に従いませんが、孫策は意に介《かい》さず、

「あれらは群盗にすぎない。いつでも捕獲《ほかく》できる」

と、いい、軍を率いて浙江《せっこう》を渡って南下し、会稽郡を攻略し、そのあとで厳白虎を撃破しました。

　袁術が死去したあと、その重臣たちは孫策を頼りましたが、廬江太守の劉勲だけは我欲《がよく》の強さを発揮して身勝手《みがって》に独行《どっこう》していました。それをみた孫策は、劉勲の欲望を満足させる案を示し、本拠を空《あ》けさせると、昼夜兼行《ちゅうやけんこう》で軍をすすめて、廬江を攻め取ってしまいました。

　建安《けんあん》五年（二〇〇年）は、袁紹《えんしょう》と曹操が雌雄《しゆう》を決する官渡《かんと》の戦いがおこなわれた年です。この年に、孫策は遠征をおこなうために軍を丹徒《たんと》まですすめました。丹徒は曲阿の北に位置し、江水に臨《のぞ》んでいます。江水の北には徐州の広陵郡があります。この遠征は許《きょ》を襲って天子を迎えるためである、と正史に記されていますが、それはちがうでしょう。広陵郡を攻め取る目的があったと解すべきです。丹徒に軍をとどめて、兵糧《ひょうろう》の到着を待つあいだ、

孫策は狩猟《しゅりょう》をおこないました。鹿《しか》を追った孫策が従者から離れて、単騎で馳《は》せるさきに、三人の暗殺者がいました。かれらはもとの呉郡太守の許貢《きょこう》に養われていた食客です。

許貢は孫策を危険な男であるとみなし、地方に放置しておくと世のわざわいとなるので、中央に召すべきだ、と皇帝に上表したことがありました。その内容を知った孫策は、許貢に面会した際に、剛力《ごうりき》の兵をつかって許貢を絞殺《こうさつ》しました。孫策にはそういう残忍《ざんにん》な面もあるのです。その残忍さが自身にはねかえったかたちで、食客が放った矢に斃《たお》されました。

即死ではありません。

弟と重臣が駆けつけました。孫策は重臣に、弟たちを輔けてやってくれ、とたのみました。それから孫権に印綬《いんじゅ》を佩《お》びさせて、

「江東の兵を率《ひき》いて、敵と対決し、機をのがさず、天下の覇権《はけん》を争うのであれば、なんじはわれに及《およ》ばない。しかし賢人を登用し、有能な臣を任用し、かれらに全力をださせて江東を保つとなれば、われはなんじに及ばない」

と、いい、その夜のうちに死去しました。

二十六歳でした。

竜頭蛇尾

兄の孫策《そんさく》が横死《おうし》したとき、孫権《そんけん》は十九歳でした。くりかえしますが、あざなは仲謀《ちゅうぼう》といいます。

兄の死をまぢかでみた孫権がまず想ったことは、父も兄も単騎《たんき》でゆくうちに射殺されたという事実です。単騎先行にはわざわいがある、と肝《きも》に銘《めい》じた孫権は、生涯、従者から離れる単独行動はしませんでした。しかしそのことは、兵略から大胆さを失わせることになり、自身の用兵には天下をあっといわせるものはなく、拙劣《せつれつ》といってよいものになりました。孫権は進取《しんしゅ》の気性《きしょう》をもたず、保守主義の人と想ってよいでしょう。

とにかく、孫権は兄の遺骸をみつめて哭《な》きました。兄が遺《のこ》したものは大きく、その大きさに圧《お》しつぶされそうになったといったほうがよいでしょう。このとき兄の重臣であった張昭《ちょうしょう》は、

「いまは泣いている場合ではありません。身内の死を哀しみ、葬礼《そうれい》に気をとられていることとは、門を開いて盗賊を招き入れるようなものです」

と、なかば孫権を叱《しか》るようにいい、喪服《もふく》を軍服に着替えさせて、軍を巡察《じゅんさつ》させました。

若い孫権を扶助《ふじょ》しようとしたのは張昭だけではありません。周瑜《しゅうゆ》もいました。そのほか程普《ていふ》、呂範《りょはん》などが孫権の軍事を佐《たす》けました。また広く人材を求めたことによって、魯粛《ろしゅく》、諸葛瑾《しょかっきん》らが孫権の賓客《ひんかく》に加わりました。ちなみに諸葛瑾は諸葛亮《しょかつりょう》（孔明《こうめい》）の兄です。

若さに満ちた政権です。未熟であっても、それを踰《こ》えてゆくはつらつとした意気込みがあったというべきでしょう。それはよくわかりますが、孫権は政治と軍事の手腕がはっきりとはせず、それでいて五郡という広さを治めてゆかなければならない不安定な状況をみれば、われが乗っ取ってやろう、という悪臣がでてもふしぎではありません。が、そういう悪臣がでず、みなで力をあわせて孫権を守《も》り立《た》ててゆこうとする臣がそろっていたのは、孫堅《そんけん》と孫策の徳《とく》の力といってよいでしょう。

さて、孫権にとっても、荊《けい》州の劉表《りゅうひょう》と黄祖《こうそ》は父の仇《あだ》です。孫策は黄祖と戦って勝ったことがあり、孫権も建安《けんあん》八年（二〇三年）に軍を西行させて、黄祖の水軍を撃破しましたが、息の根をとめることはできませんでした。そこで五年後の建安十三年（二〇八年）に、全力で黄祖を攻めました。先鋒の呂蒙《りょもう》の活躍はすさまじく、黄祖の水軍を大破したばかりでなく、城をも陥落させました。身ひとつで逃亡した黄祖ですが、追撃の兵士に斬られました。

江夏《こうか》太守であった黄祖の死は、荊州の凋落《ちょうらく》の予兆《よちょう》となり、秋には劉表が死去しました。しかも劉氏の家は、後継《こうけい》がねじれて、長男の劉琦《りゅうき》が外にでて江夏太守となり、その弟の劉琮《りゅうそう》が家主《かしゅ》となりました。黄祖という軍事の中心がなくなり、内紛《ないふん》がある荊州を攻め取るのは、いましかない。孫権はそうおもったでしょう。

しかし曹操《そうそう》に先手《せんて》を打たれました。劉表が死去するまえに、荊州を討伐する曹操軍が南下をはじめていたのです。劉表は袁紹《えんしょう》に通じて曹操とは敵対していたので、荊州は州を挙《あ》げて曹操と戦うだろう、孫権はそうみていました。

だが、孫権の予想ははずれました。劉琮は一戦もせずに曹操に降服したのです。曹操にとっても、これは予想外であったでしょう。一兵も損ずることなく荊州を手に入れた曹操は、自軍に荊州兵が加わったのをみて、

「呉を攻める」

と、決断しました。曹操軍は江水に大船団を浮かべて呉へむかったのです。

孫権の生涯をみわたしても、最大の危難とはこれであったといえます。曹操軍は水軍八十万と称しています。張昭をはじめ群臣は、曹操に従うべきだ、と孫権に述べました。か

れらは曹操軍の兵力が巨大であることに恐れをなしたとみなされていますが、張昭は儒教《じゅきょう》を信奉《しんぽう》する学者であるといってよく、

――孫権が曹操に帰順《きじゅん》すれば、戦乱が熄《や》み、天下の民は安心して暮らせる。

と、個人と政権の欲望を棄《す》てたかたちで、意見を述べたのではありますまいか。しかし孫権は気にいりませんでした。魯粛と周瑜だけが抗戦《こうせん》を主張しました。孫権に従う群臣のなかで、おそらく魯粛だけが、呉が天下を制するにはどうしたらよいか、という壮大な図を脳裡《のうり》に描いていたでしょう。魯粛は九年後に四十六歳で亡くなりますが、その死こそ、孫権にとってというより呉にとって痛恨事《つうこんじ》となります。

とにかく孫権は、曹操と戦う、と決断し、周瑜と程普に水軍を督率《とくそつ》させて、自身は戦況を見守ることにしました。主戦場は赤壁《せきへき》とよばれ、江水が江夏郡にはいったところにある屈曲《くっきょく》部です。周瑜は火攻《かこう》をもって曹操軍の大船団を大破し、曹操を敗走させました。それを知った孫権は喜躍《きやく》してみずから軍を率いて九江《きゅうこう》郡の合肥《ごうひ》（がっぴ）を攻めましたが、降《くだ》せませんでした。以後、孫権自身の用兵のまずさは、しばしばあきらかになります。

曹操軍を潰走《かいそう》させたものの、荊州攻略はたやすくありませんでした。荊州北部には南陽郡と南《なん》郡がありますが、南郡の要《かなめ》というべき江陵《こうりょう》には、曹操軍の勇将というべき曹仁《そうじん》がい

て、周瑜の北進を阻止《そし》しました。一方で、劉表の客将であった劉備《りゅうび》が、年末までに、荊州南部の四郡を平定してしまったのです。

「どさくさにまぎれて、荊州を掠《かす》めるとは――」

いままで歯牙《しが》にもかけなかった劉備がのさばってきたことに、孫権は不愉快になりました。しかしながら、翌年、江夏太守の劉琦が病死すると、かれに仕えていた臣下や官吏《かんり》がこぞって劉備に仕えるようになり、その勢力はあなどれないものになりました。周瑜や呂範などは劉備を嫌悪し、なんとか始末《しまつ》したいとおもったようですが、ひとり魯粛だけは、孫権が劉備と争えば、北の曹操に利を与えるようなものだと考え、劉備と融和《ゆうわ》するようにと進言しました。こころならずもその進言を容《い》れた孫権は、妹を劉備に嫁《とつ》がせ、両家は姻《いん》戚《せき》となりました。いちどだけ劉備は孫権と会見しましたが、帰途、こういいました。

「孫権は上の者を大切にし、下の者をないがしろにする。あの人の下にいることはむずかしい。われは二度とあの人には会うまい」

孫権はあくの強い人です。また、重臣が迷惑《めいわく》におもうほど酒ぐせが悪かったのです。

のちに孫権は、劉璋《りゅうしょう》が治めている蜀《しょく》を、劉備が平定しようとしていることを知って、嚇《かっ》とし、

「狡猾《こうかつ》な男め、われをあざむきおったわ」

と、口汚《くちぎたな》く劉備をののしりました。以前、孫権は蜀を征伐する意向を示し、劉備に意見を求めたことがありました。その際、劉備は、劉璋はわたしと同姓でありますから、大目《おおめ》にみていただきたい、と述べて、蜀を討伐の対象《たいしょう》にしないように訴えました。ところが劉備は同姓の者が治める州郡を奪おうとしているではありませんか。しかも劉備のあつかましさは、蜀を取ったあと、荊州に関羽《かんう》をすえて、荊州返却の意思をまったくみせなかったことです。孫権は荊州を劉備に貸してやったつもりでも、劉備はその州を借りたおぼえはない、ということです。

　怒った孫権は、関羽を殺して、荊州を取ろうとし、呂蒙の謀計《ぼうけい》を採用して、関羽を捕斬《ほざん》しました。皇帝に即位した劉備は、卑劣な策で関羽を殺した孫権への怒りを斂《おさ》めることができず、ついにみずから軍を率いて、呉に進攻してきました。孫権はまだ用兵の実力がさだかではない陸遜《りくそん》を擢用《てきよう》して、蜀軍の進出を阻止しました。陸遜は蜀軍の五つの駐屯地を攻めて大破し、そのあと、五十余《よ》もある蜀軍の営所を潰滅《かいめつ》させました。それらの戦いはひとまとめにして、

「夷陵《いりょう》の戦い」

と、よばれます。陸遜の名が天下に知れ渡った戦いです。まぎれもない名将で、忠義の心の篤《あつ》い陸遜ですが、二十三年後に不幸な死を遂《と》げます。孫権の愚劣《ぐれつ》な後継者選びのせいです。六十歳をすぎた孫権は子の孫和《そんわ》を立てて皇太子としました。ところが孫権は孫和の弟の孫霸《そんは》を愛し、同等としました。

――それでは両者は対立し、乱が生ずる。

と、愁《うれ》えた陸遜は長幼《ちょうよう》の序《じょ》を明確にすべきであると孫権を諫《いさ》めました。ところがこれが孫権の逆鱗《げきりん》にふれ、流罪となり、さらにあれこれとしつこく責められたため、とうとう陸遜は憤死《ふんし》しました。孫権は国家の支柱となるべき名臣を自分の手で消したのです。それだけではなく、孫和と孫霸の争いが烈《はげ》しくなると、うんざりした孫権は、孫和を廃嫡《はいちゃく》し、孫霸を自殺させたのです。

かつて孫権は、赤壁の戦いのあとにも、曹操と戦い、みずから船を曹操の陣中に漕《こ》ぎ入《い》れたことがあります。そのみごとさをみた曹操は、

「子をもつなら孫仲謀のような者が欲しい。劉表の子なんぞは豚《ぶた》や犬にひとしい」

と、いいました。

孫権は七十一歳で崩じ、大皇帝《だいこうてい》という諡号《しごう》がささげられますが、曹操と戦っていたころ

のはつらつさは晩年にはありません。徐々《じょじょ》に政治が暗くなり、判断力の衰えもかくしようがないので、長生きしすぎたといえるかもしれません。

美点があるとすれば、読書家であったということでしょうか。いや、ほかに、仏教を保護したことも憶《おぼ》えておいてよいでしょう。

諸葛亮

臥竜とよばれる

三国志の世界に登場する人物のなかで、もっとも人気が高いのは、諸葛亮《しょかつりょう》でしょう。

「孔明《こうめい》」

というあざなをもっていますので、諸葛孔明として知られています。なお、あざなの孔明の孔は、ふつうは穴《あな》の意味ですが、ここでは副詞で、とても、とか、たいそうの意味です。したがって、孔明は、とても明るい、ということになります。ついでに名の亮についていいますと、明らか、明るい、という意味なので、名とあざなが呼応していることがわかります。

よけいなことかもしれませんが、中国人に、

「諸葛孔明を知っているか」

と、問うたところ、

「そんな人は知らない。諸葛亮なら知っているが……」

という答えがかえってきたという話があります。中国史を古代から現代まで学ぶとすれば、おぼえなければならない人名が多すぎて、とてもあざなまでおぼえられないということでしょう。日本史を卑弥呼《ひみこ》の時代からおぼえていっても、それは中国史の学習を三国時代から開始するようなもので、中国史はそのまえに、すくなくとも二千年の歴史があるのです。

さて、諸葛亮です。

かれは徐《じょ》州琅邪《ろうや》国の陽都《ようと》県の人です。

父は諸葛珪《しょかつけい》（あざなは君貢《くんこう》）で、泰山《たいざん》郡の丞《じょう》になりました。兄が諸葛瑾《しょかつきん》で、弟が諸葛均《しょかつきん》です。兄とは七歳ちがいの諸葛亮は、霊《れい》帝の光和《こうわ》四年（一八一年）に生まれました。なお

後《ご》漢《かん》の最後の皇帝である献《けん》帝も、この年に生まれました。

諸葛亮は幼いころに父を亡《な》くしました。どのように亡くなったのか、どこにも記《しる》されていません。

諸葛亮が四歳のとき、黄巾《こうきん》の乱が勃発《ぼっぱつ》し、各地の州郡の高官が殺されました。泰山郡はどうだったのでしょうか。五歳のときには、疫病《えきびょう》の大流行がありました。

ひとつのヒントは、のちに諸葛亮はよく梁父吟《りょうほぎん》を歌っていた、ということです。まず、梁父とは人の名ではなく、山の名です。泰山郡には、いうまでもなく泰山という名山があります。その南に、梁父という小山があるのです。その北には多くの墓地があり、そこへ死者を送るときの歌が、梁父吟です。葬送《そうそう》の歌、つまり挽歌《ばんか》です。さらにいいますと、その挽歌は、民謡化されていたのではありますまいか。諸葛亮がその歌をおぼえたということは、父とともに諸葛亮が泰山郡にいたということです。子どもが民謡をおぼえる年齢は五歳以上でしょう。そうなると、諸葛亮が八歳のときに青《せい》州と徐州の黄巾の徒が蜂起《ほうき》しましたから、父はその討伐にかかわって戦死したか、その後、まもなく病死したか、と想像したくなります。もしかすると、梁父吟は父の死を悼《いた》んで歌ったのではないでしょうか。

後世につたわった梁父吟は諸葛亮の作詞によるもので、いわば替《か》え歌《うた》です。

いまひとつのヒントは、兄の諸葛瑾が若いころに、学問のために洛陽《らくよう》に往ったことです。諸葛亮が八歳のときに、諸葛瑾は十五歳です。十五歳は儒教《じゅきょう》では志学《しがく》（学に志《こころざ》す）の年ですから、この年に諸葛瑾が上京したとしてもふしぎではありません。ただし留学の費用は父がだしたでしょうから、その年、すなわち中平《ちゅうへい》五年（一八八年）までは、父が生きていたにちがいありません。問題は、それからです。翌年の中平六年（一八九年）に霊帝が崩御《ほうぎょ》し、大将軍の何進《かしん》が宦官《かんがん》に暗殺され、袁術《えんじゅつ》と袁紹《えんしょう》が宦官をみな殺しにした直後、董卓《とうたく》が宮城《きゅうじょう》を制します。洛陽が大混乱になっても、諸葛瑾は留学をつづけていたのでしょうか。もしもそうであったとしても、つぎの年に董卓が強引に遷都《せんと》を実行しますから、諸葛瑾が洛陽に残留できるはずもなく、帰郷したにちがいありません。

実家にもどった諸葛瑾は、父の死を知り、ふたりの弟が従父《おじ》の諸葛玄《しょかつげん》に養われているという実情をみたと想《おも》われますが、どうでしょうか。

母はまだ亡くなっておらず、十七歳の諸葛瑾は家と母を守り、諸葛亮と諸葛均は実家をでたまま従父の家で暮らすようになったのでしょう。

すでに中原《ちゅうげん》は戦火をこうむっていましたが、陶謙《とうけん》に治められている徐州は比較的静かです。

荊《けい》州の北部にいた袁術が属将の孫堅《そんけん》を失ったことで、中部にいる劉表《りゅうひょう》との争いに負けて、めぐりめぐって淮水《わいすい》の南の寿春《じゅしゅん》をあらたな本拠としたことが、諸葛玄の命運をゆすぶります。

袁術の使者が諸葛玄のもとにきて、諸葛玄を豫章《よしょう》郡の太守《たいしゅ》に任命したことを告げました。豫章郡は江水《こうすい》の南岸域にある大きな郡です。袁術は江水の南北にある郡、すなわち徐州の広陵《こうりょう》郡、揚《よう》州の九江《きゅうこう》郡と廬《ろ》江《こう》郡（江水の北）それに呉《ご》郡、丹楊《たんよう》郡、豫章郡（江水の南）という六郡を支配する計画を立てたのです。

諸葛玄はその任命を承《う》けました。徐州をでる理由はほかにもあります。徐州が曹操《そうそう》軍に侵略されて、州民も殺害されはじめたのです。そこで諸葛玄は諸葛亮と諸葛均のふたりをともなって、豫章にむかいました。

ところで、なぜ諸葛玄は諸葛瑾を実家に残したまま去ったのでしょうか。徐州に残ることはたいそう危険なので、諸葛瑾に声をかけて退去をうながしたはずです。それでも諸葛瑾は従父に同行しなかったと想われます。おそらくそのとき、母が病気であったか、亡くなったばかりで喪《も》に服《ふく》さなければならなかった、それ以外の理由はみあたりません。

諸葛亮は兄と別れ、従父に従って豫章郡へ移ったことで、大きく運命が変わります。

豫章郡の郡府は南昌《なんしょう》県にあります。とにかく諸葛玄はそこにはいりました。ところが、不測《ふそく》の事態が待っていました。

袁術は上表《じょうひょう》をおこなって諸葛玄を豫章太守にしてもらったつもりですが、袁術の使者が長安《ちょうあん》に到るまえに、朝廷では、あらたな豫章太守を朱皓《しゅこう》に決めたのです。朱皓は、黄巾鎮《ちん》圧《あつ》に活躍した朱儁《しゅしゅん》の子です。

朱皓は揚州刺史《しし》の劉繇《りゅうよう》から兵を借りて諸葛玄を攻めました。

劣勢となった諸葛玄は、南昌を守りぬくことをあきらめ、西へ奔《はし》り、旧知の劉表を頼って荊州の襄陽《じょうよう》にたどりついたのです。正史の記述に従えばそうなりますが、正史の注の『献帝春秋《けんていしゅんじゅう》』では、諸葛玄は南昌をでたあと、西城《せいじょう》にとどまり、そこで住民の叛乱に遭《あ》って殺されてしまいます。残された諸葛亮と諸葛均がどうなったのか、それについてはまったく書かれていません。

しかしながら諸葛亮が弟とともに襄陽の西の隆中《りゅうちゅう》に住むようになったことは、まちがいありません。

正史には諸葛亮の身長が、八尺《せき》、とあります。後漢の時代の一尺は二三・〇四センチメートルです。それに八をかけますと、一八四・三二センチメートルになります。すなわち諸葛亮は一メートル八四センチの長身の人です。

諸葛亮にとってさいわいであったのは、荊州の中心部には好学《こうがく》の気習《きしゅう》があったことです。劉表は学校も建てました。そのため、天下の秀才が集まっていました。が、諸葛亮はかれらの優秀さを認めながらも、しょせん刺史や郡守どまりの才能だといい、自身は、

「管仲《かんちゅう》あるいは楽毅《がっき》くらいにはなれよう」

と、春秋戦国の名臣を引きあいにだしました。これは自信過剰な青年の誇衒《こげん》とみなされて、ほとんど相手にされませんでした。しかし諸葛亮が引きあいにだしたふたりの名臣には、苦難の経歴《けいれき》がひそんでいます。管仲は逐臣《ちくしん》、つまり主君によって追放された臣であり、楽毅は亡人《ぼうじん》、すなわち祖国を失って流浪《るろう》した人なのです。ふたりとも英主《えいしゅ》にひろわれ、比類ない功績をあげて、その名が不朽《ふきゅう》となりました。故郷を失った諸葛亮の哀《かな》しみが、ふたりの名にこめられているとみるべきでしょう。

ただし諸葛亮と親交のある崔州平《さいしゅうへい》と徐庶《じょしょ》だけは、

——孔明は、管仲、楽毅に及ばないことはない。

と、その英才が稀代《きたい》のものであると認めていました。

諸葛亮が二十一歳のとき、曹操に追われた劉備《りゅうび》が劉表を頼って襄陽にきました。劉表に

礼遇《れいぐう》された劉備はほどなく新野《しんや》県に駐屯することになりました。その劉備に会って助力をおこなったのが、徐庶です。やがて徐庶は母のもとに帰ることになったのですが、そのまえに、

「諸葛孔明は、臥竜《がりょう》（寝ている竜）です。あなたさまはかれと会見なさりたいですか」

と、劉備にいいました。

「君もいっしょにきてくれ」

「この人は、あなたさまが行けば会えますが、どれほど鄭重《ていちょう》に招いても来させることはできません。どうかあなたさまは駕《が》を枉《ま》げて訪問なさってください」

駕を枉げる、とは、乗り物をまげて立ち寄ることをいいます。貴人が身をかがめて来訪することを、枉屈《おうくつ》、といいますので、それに比《ちか》い表現です。

諸葛亮は二十七歳になっていました。劉備が訪《たず》ねてきてもすぐには会わず、三度目の訪問で、ようやく会見しました。ここで諸葛亮が、

「天下三分の計」

を披露《ひろう》したことは、すでに述べましたので、はぶくことにします。このあたりの事情と諸葛亮の心情は、のちに、「出師表《すいしのひょう》」において諸葛亮自身が述懐《じゅつかい》していますので、それを

引用してみます。

「わたしはもともと布衣《ふい》（平民）であり、南陽《なんよう》の地で耕作をしていました。乱世をぶじに生きてゆくだけでよく、諸侯のあいだに名を知られることを望んでいませんでした。先帝《せんてい》（劉備）は、わたしのような卑しい者のために枉屈なさり、みたび草廬《そうろ》を訪ねてくださいました。天下の形勢について、わたしの意見をお求めになったのです。わたしは感激して、ついに先帝に随従《ずいじゅう》することにしたのです」

　諸葛亮は即断して、すみやかに草廬をでました。ところで、草廬といいましたが、三顧《さんこ》茅廬《ぼうろ》、という熟語がありますので、諸葛亮が住んでいた家は、茅葺《かやぶ》きであったかもしれません。ちなみに、このとき劉備は四十七歳です。もしも劉備が、諸葛孔明に会うのは明年にしよう、とおもったなら、劉備は蜀《しょく》を建国できず、諸葛亮は歴史的に無名で終わったでしょう。人の運命には、そういうきわどさがあるのです。

未完の創業

　翌年の建安《けんあん》十三年（二〇八年）、曹操《そうそう》が荊《けい》州を攻略するために大軍を率いて南下してきました。

荊州にとって不幸であったのは、まもなく劉表《りゅうひょう》が病死してしまったことです。後継者の劉琮《りゅうそう》が軍事に未熟であることはあきらかなので、曹操軍を迎え撃つことができるのは、劉備《りゅうび》しかいない、というのが世論でした。ところが劉琮は劉備に相談することなく、一言も告げずに、曹操に降伏してしまいました。さすがの劉備も怒りました。しかし荊州兵を使えなくなった劉備は、南へ逃げるしかありません。

南《なん》郡の江陵《こうりょう》は軍事的に重要な県です。それを劉備に取られたくない曹操は、軍を猛追《もうつい》させました。当陽《とうよう》（江陵の北にある県）の長阪《ちょうはん》で追いつかれた劉備は、諸葛亮《しょかつりょう》、張飛《ちょうひ》、趙雲《ちょううん》などとともにかろうじて逃げのびました。諸葛亮は劉備の軍師のようにみられていますが、この時点では実戦における機知《きち》をもちあわせていない人です。ここで劉備らを救ったのは関羽《かんう》であり、諸葛亮の奇術はみられません。

夏口《かこう》に到ったとき、諸葛亮は劉備を説《と》いて、孫権《そんけん》に救援を求めにゆきました。もしも孫権が曹操に降伏してしまいますと、劉備は地の果てまで逃げなければならなくなります。どうしても孫権には曹操と戦ってもらいたい諸葛亮は、ことば巧《たく》みに孫権を説きました。その際、田横《でんおう》の名をだしたことが印象的です。

田横は、斉《せい》の英雄で、項羽《こうう》を殺してほぼ天下を平定した劉邦《りゅうほう》に、ただひとり屈しなかった正義の人です。諸葛亮は田横の生きざまを語り、曹操に屈しかねない孫権を揶揄《やゆ》して発奮《はっぷん》させたのです。

ところで、よくよく考えてみますと、諸葛亮自作の梁父吟《りょうほぎん》には、斉の名宰相《さいしょう》であった晏嬰《あんえい》の逸話《いつわ》が挿入《そうにゅう》されています。また、まえにだした管仲《かんちゅう》も斉の名臣ですし、楽毅《がっき》は斉の七十余城を落としました。父の任地であった泰山《たいざん》郡は、戦国時代には斉の版図《はんと》のなかにありました。諸葛亮は斉へのこだわりが強い、とみてよいでしょう。

とにかく曹操に跪《ひざまず》くという恥辱《ちじょく》を嫌った孫権は、敢然《かんぜん》と衣《い》を払って立ち、曹操の大軍にむかって迎撃《げいげき》の軍を発しました。赤壁《せきへき》において呉《ご》の水軍が大勝したことで、劉備は一安《いちあん》を得たのです。

「荊州を取る」

というのが、諸葛亮の構想の端緒《たんしょ》でした。荊州の官民はながい間、劉表の統治下にあって、曹操にも孫権にも支配されたくないという感情をもっていますので、劉表の客将で、おなじ劉氏の劉備に好意をもっていました。その好意を吸収するかたちで、荊州の南部を巡《めぐ》った劉備は、すみやかに四郡を降《くだ》してしまいました。

諸葛亮はすぐに軍師中郎将《ぐんしちゅうろうしょう》に任ぜられて、武陵《ぶりょう》郡をのぞく三郡を治めることになりました。三郡を治めるとなれば、その三郡を合わせた中心にいるのがよく、諸葛亮は長沙《ちょうさ》郡の南端の臨烝《りんじょう》に行政府を設けました。

やがて荊州中部の江夏《こうか》郡を治めていた劉琦《りゅうき》が病死しますと、群臣は劉備を荊州牧《ぼく》にしたいと熱望します。つまりかれらは劉表の後継者は、曹操に降伏した劉琮ではなく、長男の劉琦が正統であると考え、劉琦と交誼《こうぎ》のあった劉備であれば、荊州牧にふさわしいとおもったのです。そういう支持をうけて、劉備は江陵の南の公安《こうあん》に州府を置きました。しばらくそこが劉備の本拠になります。

二年後に、劉備は劉璋《りゅうしょう》の要請《ようせい》を承《う》けて蜀《しょく》にはいります。その際、荊州のおさえとして諸葛亮を残しました。

劉璋を助けて漢中《かんちゅう》郡の張魯《ちょうろ》を討つために兵をすすめていた劉備は、じつは蜀を奪いにきたのだ、と劉璋に疑われ、途上で窮《きゅう》してしまいました。劉璋と戦わざるをえなくなった劉備を救援すべく、諸葛亮は張飛らと荊州を発《た》ちました。荊州の統治は、関羽にまかせたのです。

「蜀を取る」

というのが、諸葛亮の構想の第二段階であったでしょうから、劉璋と戦うことはかれの想定内にあったことでしょう。劉備と合流した諸葛亮は成都《せいと》へむかい、成都が開城すると、行政のすべてをまかされました。

ちなみに、劉備軍に包囲された成都のなかには三万の精兵と一年分の衣食があったのです。それを知りながら、劉璋はこういいました。

「われら父子（劉璋の父は劉焉《りゅうえん》）は、益《えき》州に在《あ》ること二十余年である。その間に、人民に恩徳を与えることはなかった。人々が三年もの間、戦いに明け暮れ、草野に倒れたまま放置されているのは、われのせいである。ここに至って、心安らかでいられようか」

これ以上、人民を殺したくない、といって劉璋は、劉備に降ったのです。その身は公安へ遷《うつ》され、私有の財産もかえされました。関羽の死後、荊州の支配が呉に移ると、劉璋は秭帰《しき》（南郡の江水《こうすい》に臨《のぞ》む県）に駐屯させられ、そこで亡くなります。

魏《ぎ》の脅威《きょうい》を撥《は》ね除《の》けて、確乎《かっこ》たる国威《こくい》を天下に示した蜀の群臣は、劉備が皇帝の位に即《つ》くことを望みます。しかし劉備はその声をしりぞけます。そこで諸葛亮は、おなじように帝位に即くことを辞退した光武《こうぶ》帝（劉秀《りゅうしゅう》）を説得した耿純《こうじゅん》の進言を引用しました。

「もしも即位を勧《すす》める者たちの意見に従わないのであれば、士大夫《したいふ》はそれぞれここから去って、あらたな主《しゅ》を求め、公《きみ》に従う者はたれもいなくなります」
この諸葛亮の言を、胸の深いところでうけとめた劉備は、ついに即位を決断しました。黄初《こうしょ》二年（二二一年）の四月に、劉備は成都の西北にある武担《ぶたん》山の南で帝位に即きました。この月に、蜀は独自の元号を建て、魏がつかっている黄初を改めて章武《しょうぶ》としました。諸葛亮は丞相《じょうしょう》に任命されました。

ここまでが諸葛亮の構想の第三段階でしょう。劉備を漢中王にしておかなければならない、とおもっていたはずです。皇帝になったのは、その発展形です。

漢中王にこだわるのは、前漢《ぜんかん》王朝を樹《た》てた劉邦《りゅうほう》が天下の平定の足がかりにした地が漢中であったからです。つまり劉備が蜀で皇帝になった時点で、天下三分の計は完成にちかづいてしまったのですが、諸葛亮の真の計画は天下を平定することなのです。漢中にとじこめられたかたちの劉邦は、北進を開始して、右扶《ゆうふ》風《ふう》（長安《ちょうあん》の西の郡）に進出すると、東進して項羽《こうう》と決戦したのです。劉備におなじ進路を征《い》ってもらうつもりであったにちがいありません。

ところがこの計画は、おもいがけない頓挫《とんざ》をきたすことになりました。

荊州を治めていた関羽が、孫権と呂蒙《りょもう》の謀略《ぼうりゃく》によって殺され、それを怒った劉備が呉を攻撃したからです。真の敵は魏であって呉ではありません、と諸葛亮は劉備を諫《いさ》めたかったでしょう。呉には兄の諸葛瑾《しょかつきん》がいて、孫権に仕えています。ここまで諸葛亮の献言《けんげん》をすべて容《い》れてきた劉備ですが、この一事に関してはまったく諮問《しもん》せず、出陣して、翌年に敗退します。帰還した劉備が罹病《りびょう》したことも、諸葛亮を落胆《らくたん》させたにちがいありません。劉備はまだ六十代なので、七十歳になるまでに魏との決戦にもちこみたい、というのが諸葛亮の胸裡《きょうり》にあった覇権《はけん》樹立の図ではなかったか、と想像します。

　ついに劉備は重体となりました。

　かつて徐《じょ》州において陶謙《とうけん》に州をゆずってもらったことがある劉備は、豊かな才徳《さいとく》がある者が蜀の国を治めればよいとおもっていたようで、自分の子に輔佐する価値がなければ、なんじが皇帝となれ、といい遺《のこ》して崩《ほう》じました。このとき、劉備の子劉禅《りゅうぜん》は十七歳で、諸葛亮は四十三歳です。劉禅は凡庸《ぼんよう》そのものの皇太子で、実際のところ、輔佐するに価《あたい》しないあとつぎでした。諸葛亮はそれがわかっていながら、

「わたしは股肱《ここう》となって力を尽くし、忠節を死ぬまでささげます」

　と、誓って、劉備を安心させ、そのことば通りに、劉禅の政治を暗くみせないような治《ち》世《せい》を現出して輔佐しぬくのです。君主あるいは皇帝が幼かったり暗愚《あんぐ》であったりすると、

かならず上をないがしろにする大臣があらわれます。しかし諸葛亮にはそういう我欲《がよく》がいっさいみられません。かれは史上まれにみる清心《せいしん》の宰相であり、その点では、管仲にまさったといえるでしょう。

天下平定の夢

天下を平定するためには、どうしても劉備《りゅうび》の名が要《い》る、というのが諸葛亮《しょかつりょう》の真意であったでしょう。

高祖《こうそ》の劉邦《りゅうほう》も、光武《こうぶ》帝の劉秀《りゅうしゅう》も、けっきょくは武の力よりも徳の力によって乱世を鎮《しず》めたのです。劉備には徳の力があり、それは魏《ぎ》の皇帝よりまさっている、と信じてきた諸葛亮は劉備を喪《うしな》って計画を修正しなければならなくなりました。

若い劉禅《りゅうぜん》はもとより、諸葛亮の名も天下に知られていません。すると、どうしても武力と兵略によって、魏軍を撃破しなければなりません。諸事に精通しているようにみえる諸葛亮ですが、兵事《へいじ》だけは苦手《にがて》であったようです。

劉備が荊《けい》州を平定したころに臣従した者たちのなかに、馬《ば》氏の兄弟がいました。五人兄

弟はいずれも秀才であったので、郷里の人々は、

「馬氏の五常《じょう》、白眉《はくび》を最良とす」

と、たたえました。五人兄弟のあざなにはすべて常の文字がふくまれていたので、五常といったのです。季常《きじょう》というあざなをもつ馬良《ばりょう》の眉に白毛があったので、白眉と呼びました。よけいなことかもしれませんが、

「五常」

といえば、前漢の思想家である董仲舒《とうちゅうじょ》が提唱《ていしょう》した不変の倫理《りんり》のことです。仁《じん》・義《ぎ》・礼《れい》・智《ち》・信《しん》を五常といいます。馬氏の兄弟もそれをふまえてあざなにつかったのでしょう。馬良は諸葛亮を兄のように慕い、侍中《じちゅう》に昇りましたが、劉備が呉《ご》を攻めた際に、策戦に参加して戦死しました。馬良の弟が、幼常《ようじょう》というあざなをもつ馬謖《ばしょく》です。諸葛亮より九歳下の馬謖も諸葛亮に親しく、緜竹令《めんちくれい》、成都《せいと》令《れい》、越嶲太守《えつすいたいしゅ》というように昇進しました。ただし劉備は逝去《せいきょ》するまえに、

「馬謖のことばはその実力より過ぎている。重用《ちょうよう》すべきではない」

と、諸葛亮に注意を与えました。しかしながら諸葛亮は馬謖を近づけることをやめませんでした。馬謖は兵法に精通していたからです。ついに諸葛亮は馬謖を参軍《さんぐん》（参謀）とし

て、かれから兵法を学んだのです。

司法と行政に長じている諸葛亮は、劉備のいなくなった蜀《しょく》の国をみごとに治めました。ときには、法の執行《しっこう》がきびしすぎる、という批判をうけましたが、劉璋《りゅうしょう》のころにゆるんでいた秩序《ちつじょ》を匡《ただ》したというべきでしょう。

劉備が崩じた年から二年後の春に、諸葛亮は南征を敢行《かんこう》しました。益《えき》州を北と南に分けると、南の郡には異民族が多く、蜀の朝廷に素直に従うわけではありません。そこで諸葛亮はみずから軍を率いて不穏《ふおん》な族を討ちました。これは、つぎに予定している北伐《ほくばつ》のための予行演習《よこうえんしゅう》といってよいでしょう。不服従の族の首魁《しゅかい》といってよい孟獲《もうかく》を捕らえたのに、七たび釈放したという話は、正史の注である『漢晋春秋《かんしんしゅんじゅう》』にあります。人をほんとうに従えるには、屈服《くっぷく》させるのではなく心服《しんぷく》させなければならないという見本のような話です。とにかくこの南征の成功によって、南の郡から軍需《ぐんじゅ》物資が送られてくるようになり、富《ふ》国《こく》が実現しました。凱旋《がいせん》した諸葛亮に、

「いよいよ北伐ですね」

と、馬謖が高らかにいったにちがいありません。

魏の雍《よう》州には北路と南路があり、そのふたつの路をどこかで遮断《しゃだん》してしまえば、交通が

杜絶《とぜつ》し、西方の諸郡は援軍がこないと知って蜀軍に降伏するにちがいない、それらの郡をおさえた上で東進《とうしん》を開始し、魏の主力軍と決戦をおこなって勝つ、というのが馬謖の攻略図であったでしょう。諸葛亮はそれに乗ったというかたちで、二年後に、劉禅に「出師《すいしの》表《ひょう》」をたてまつって出陣します。

ちなみに、兵の集団の規模の小さいものから、伍《ご》、旅《りょ》、師、軍といい、軍を出すことを出軍とはいわず出師というのがふつうです。また、表は、君主または皇帝に差しだす文書のことです。

三月に国都をでた諸葛亮は、漢中《かんちゅう》に到って、沔陽《べんよう》に駐屯します。そこにとどまって、陽動策戦にこだわります。魏の新城《しんじょう》太守である孟達《もうたつ》を誘って裏切らせようとしたのです。孟達は劉璋の臣下で、劉備にも仕えましたが、関羽《かんう》を救援しなかったことを譴責《けんせき》されそうになったので、蜀をでて魏の曹丕《そうひ》に従いました。益州に接している新城郡をまかされましたが、曹丕の死後、その地位に不安をおぼえていました。そこに諸葛亮がつけこんで孟達を背《そむ》かせ、魏軍をひきつけて数か月間とどまらせようとしたのです。が、どうもこれはすぐれた策にはみえず、小細工《こざいく》のようにみえてしまいます。兵法書好きの馬謖が考えたことではありますまいか。

孟達は迷いに迷いました。その逡巡《しゅんじゅん》が長すぎて、司馬懿《しばい》の軍の急接近をゆるし、またたくまに城は落とされて戦死してしまいます。孟達の向背《こうはい》があきらかになるまで諸葛亮は漢中で待っていたのですから、むだな時間をすごしたことになります。いきなり初手《しょて》を失敗したのですから、この遠征は不吉です。

陽動策戦はまだあります。

雍州へおりてゆく道を敵にさとられないために、斜谷道《やこくどう》をでて郿《び》県を襲うと公言し、趙雲《ちょううん》などをおとりの軍として配置し、諸葛亮と馬謖は斜谷道よりはるかに西にある祁山道《きざんどう》をすすみました。このとき、勇猛な将である魏延《ぎえん》は、

――まわりくどい策戦よ。

と、嗤《わら》い、諸葛亮にむかって、

「東の子午道《しごどう》をつかって長安《ちょうあん》を急襲すれば、たやすく落とせます。長安を拠点《きょてん》にして西方を平定なさるべきです」

と、献策《けんさく》しました。この策は、敵の意表《いひょう》を衝《つ》くどころか、自軍の諸将をもおどろかせたのですから、非凡な策です。しかし諸葛亮はこの策を採用する度量《どりょう》をもちあわせていませんでした。この遠征には、かなりまえから馬謖とともに練《ね》ってきた策があり、それに固執《こしつ》

するかぎり、魏延の献策は容《い》れられなかったのです。

――臆病《おくびょう》な元帥《げんすい》よ。

魏延は慎重すぎる諸葛亮を内心そしりました。のちの蜀軍と魏軍の戦いをみますと、蜀軍が決定的な勝利を得るには魏延の策を実行するしかなく、それをしりぞけた諸葛亮には、自分の志望《しぼう》にそった勝機はめぐってきませんでした。

祁山道を通って雍州に侵入《しんにゅう》した蜀軍は、先陣を馬謖が率いて渭水《いすい》を渡って北進をつづけ、街亭《がいてい》に到るとそこにとどまり、諸葛亮自身は渭水に近い南路をふさぎました。街亭の山に軍を籠《こ》もらせた馬謖は自信満々で、ここで魏軍を百日以上足止めさせるつもりであったにちがいありません。しかし、山は包囲されると、水を得にくくなります。はたして寄せてきた魏将の張郃《ちょうこう》に水の手を断たれ、馬謖の軍は潰滅《かいめつ》しました。街亭は本陣から離れすぎているため、敗報をきいても、諸葛亮は助けにゆけません。このときの死者はおびただしく、それを知った諸葛亮は断腸《だんちょう》のおもいであったでしょう。馬謖が諸葛亮にむかって画《か》いてみせた戦略図は、しょせん画餅《がへい》にすぎなかったのです。

敗走してきた馬謖を捕らえた諸葛亮は、かれを獄《ごく》に下して、死刑にします。兵とその家族、いや国民全体に謝罪したのです。自身にも罪があるとした諸葛亮は、位を三等級下げます。ここまでほとんど過誤《かご》をおかしたことがない諸葛亮が、大失敗をしたのです。そうさせた馬謖への怒りは尋常ではなかったはずですし、馬謖を信じた自身の愚かさを悔《く》やんだでしょう。かわいがっていた馬謖を死刑にしたことは、のち、

「泣いて馬謖を斬る」

と、いわれ、諸葛亮の心中のつらさを察するような成語《せいご》となります。が、そのときの諸葛亮の真情はどうであったのでしょうか。

諸葛亮が魏を攻伐《こうばつ》したことは、第一次（二二八年）から第五次（二三四年）まであります。第三次のあと、諸葛亮は丞相《じょうしょう》に復帰します。そこまでは、諸葛亮の敵は、大司馬《だいしば》の曹《そう》真《しん》、雍州刺史《しし》の郭淮《かくわい》です。ところが、曹真が病死したことによって、諸葛亮の相手となったのが司馬懿です。

ところで諸葛亮は街亭での大敗のあと、実戦で活《い》かせる兵法を考えたようです。第三次の攻伐には、用兵に自信がみなぎるようになりました。そこまでの遠征で諸葛亮を悩ませたのは、兵糧《ひょうろう》不足と軍需物資の輸送のむずかしさです。どの道も峻険《しゅんけん》といってよく、しかも狭《せま》いので、牛馬を使えません。そこで諸葛亮は木製の一輪車で、四脚《きゃく》をそなえた木牛《もくぎゅう》を作らせて、第四次の遠征をおこないました。敵将の司馬懿は堅く守って動きません。蜀軍

は兵糧が尽きて引き揚げました。すると張部が追撃してきました。それを知った蜀軍はむきなおって交戦し、張部を射殺しました。これは馬謖の仇《あだ》を討ったことになります。

帰国した諸葛亮は兵士に休養を与えます。出撃は三年後です。これが第五次の攻伐で、諸葛亮は大軍を率いて斜谷道をすすみ、武功《ぶこう》県の五丈原《ごじょうげん》を拠点として、司馬懿とは渭水の南で対峙《たいじ》しました。このとき輸送に用いたのが流馬《りゅうば》です。木牛の改良型であるといわれています。

諸葛亮と司馬懿の対決には、決定的な勝敗はありません。司馬懿は諸葛亮の挑発に乗らず、全軍を制御《せいぎょ》していたことは、やはりみごとといってよいでしょう。一方、軍だけでなく国をもあずかっている諸葛亮は、本営において政務もおこなっていたのです。そういう激務をこなすうちに、諸葛亮の食《しょく》は細くなり、罹病《りびょう》して、八月に亡くなります。五十四歳でした。ふしぎなことに、おなじ年に生まれた献《けん》帝（のちの山陽《さんよう》公）も、この年に薨《こう》じます。三国志という時代の華容《かよう》が、ここから衰容《すいよう》に変わってゆく、といってよいかもしれません。

蜀軍が退却したあと、司馬懿は蜀軍の本営跡を検分《けんぶん》して、

「天下の奇才である」

と、亡き諸葛亮を褒《ほ》めました。

諸葛亮は自分が亡くなったら漢中の定軍《ていぐん》山に葬るように、と遺言《ゆいごん》しました。その後、諸葛亮を敬慕する人々があちこちで廟《びょう》を建てることを求めましたが許可されませんでした。それでは国民感情が斂《おさ》まらないので、二、三の臣の上表を容れて、劉禅は沔陽に廟を建てることを許しました。また諸葛亮には、忠武《ちゅうぶ》侯という諡号《しごう》（おくりな）をさずけました。

董卓

野性の怪物

董卓《とうたく》はあざなを仲穎《ちゅうえい》といい、涼《りょう》州隴西《ろうせい》郡の臨洮《りんとう》県の出身です。

臨洮は、洮水《とうすい》に臨《のぞ》むということですから、県のすぐ北に洮水という川がながれています。県の位置は隴西郡の最南端といってよく、県境をまたげば武都《ぶと》郡にはいります。

残念ながら、董卓の生年はわかりません。父は、董君雅《とうくんが》といい、潁川《えいせん》郡輪氏《りんし》県の尉《い》になったことがあります。兄の董擢《とうてき》はあざなを孟高《もうこう》といいますから、本妻の子ではなかったかもしれません。この人は夭折《ようせつ》してしまいました。弟は董旻《とうびん》であざなを叔穎《しゅくえい》といいます。

父が赴任《ふにん》した輪氏県は潁川郡のなかの西北の端《はし》にあって、首都の洛陽《らくよう》にかなり近かったのですから、董卓がその地に幼少のころにいたのであれば、都《みやこ》びるとはどういうものか肌で知り、反撥《はんぱつ》をおぼえたかもしれません。なにしろ父は武官ですから、董卓も文雅《ぶんが》の世界よりも武勇の世界にあこがれたにちがいありません。

そういう董卓にとって、最西端の州である涼州は天地が広く、馬に乗って武技《ぶぎ》をみがくにふさわしかったといえます。故郷に帰った董卓は、ふたつの弓袋《ゆぶくろ》を身に着けて、左右に騎射《きしゃ》することができるようになりました。この後漢《ごかん》時代の末に、馬に乗って足をかける鐙《あぶみ》ができたことも、騎射の技術を発達させたにちがいありません。

若い董卓は家をでて羌《きょう》族のいる地をめぐり、あちこちの族長と知り合いました。遊牧民族であった羌族は、上古《じょうこ》、殷《いん》王朝の時代から迫害されつづけました。つぎの周《しゅう》王朝の時代に迫害は熄《や》み、かれらはいくつか国を建てましたが、戦国時代にはそれらの国はことごとく消え、ふたたび迫害されるようになりました。かれらは西へ西へとしりぞき、涼州にとどまりました。が、中央政府から厚遇されたことはいちどもなく、いじめぬかれてきただけに、反政府色の濃い民族です。董卓は多くの族長と会い、かれらの感情をなかば理解したでしょう。それでも董卓自身は漢人《かんじん》です。羌族のために一肌脱《ひとはだぬ》ぐほど同情したわけではありません。

侠勇《きょうゆう》のある者として董卓の名が高くなったため、郡はかれを召して吏人《りじん》とし、盗賊の取り締まりをおこなわせました。ついで涼州刺史《しし》の成就《せいしゅう》が董卓を辟《まね》いて従事《じゅうじ》とし、騎兵を指《し》麾《き》させ、叛乱した胡《こ》族（北方の異民族）を討たせました。董卓は数千の敵兵を捕斬《ほざん》するという大功を樹《た》てました。さらに董卓の勇名《ゆうめい》が高くなったことはいうまでもありません。

桓《かん》帝の晩年《ばんねん》に、董卓は選ばれて羽林郎《うりんろう》になりました。羽林は、正しくは羽林騎《うりんき》といい、近衛《このえ》の騎兵集団です。羽林郎は、涼州と并《へい》州のなかの指定された六郡にあって、良家の子で騎射が巧《うま》い者が選ばれ、羽林中郎将《うりんちゅうろうしょう》に属します。その後、軍司馬《ぐんしば》となった董卓は、中郎将の張奐《ちょうかん》に従って、涼州の漢陽《かんよう》郡（隴西郡の東隣）へゆき、叛乱を起こした羌族を撃破しました。この功によって、郎中《ろうちゅう》に任命され、縑《きぬ》九千匹《ひき》を下賜《かし》されました。郎中は官僚候補といってよく、将来の昇進が約束されたようなものです。董卓は縑をうけとると、それらをすべて配下に分け与えました。おそらく羌族の族長がそういうやりかたで配下を養い、人の心を獲《と》っていたのをみて、それに倣《なら》ったのでしょう。

董卓は累進して西域戊己校尉《せいいきぼきこうい》まで昇りましたが、事件に連座して罷免《ひめん》されました。しかしこれで武に長じた才能が放置されたわけではありません。ふたたび召されて、幷州刺史、河東《かとう》太守となりました。

たびたび述べてきたように霊《れい》帝の中平《ちゅうへい》元年（一八四年）は、多くの人の運命を変えた年です。二月に黄巾《こうきん》の大乱が勃《お》こりました。三月に、朝廷は河南尹《かなんいん》であった何進《かしん》を大将軍に昇らせて、首都防衛の指麾をおこなわせました。鎮討《ちんとう》軍の将軍である皇甫《こうほ》嵩《すう》と朱儁《しゅしゅん》が潁川郡で黄巾の軍を大破したことがきっかけとなり、官軍は攻勢に転じました。それが五月のことで、六月には盧植《ろしょく》が、黄巾の教祖である張角《ちょうかく》を広宗《こうそう》県に包囲して鎮圧を確実なものにしたにもかかわらず、宦官《かんがん》の誣告《ぶこく》によって盧植は罷免されて罪人にされてしまいました。それに代わって張角攻めを命じられたのが、董卓です。

董卓の性質には荒々しさと多少の狡《ずる》さがありましたが、ここまで邪念《じゃねん》をもつことなく、官途を歩《あゆ》んできたのです。父の官職を踰《こ》えて太守や刺史まで昇り、この黄巾討伐のために東中郎将《とうちゅうろうしょう》を拝したのです。もしも黄巾の首領を捕斬すれば、さらに武官として高位へ昇ることはまちがいなく、武略に長じた董卓が盧植に劣る戦いかたをするはずがないのです。そう想った何進が、董卓を選んだにちがいありません。

しかし董卓の意識に変革が生じました。

——黄巾のなにが悪い。

かんたんにいえば、そういうことでしょう。悪いのは皇帝と宦官であり、かれらの悪政に虐《しいた》げられた民が独自に幸福を求めて起《た》ったのが黄巾の乱ではないか。帝室と朝廷の実態がわかった董卓は、黄巾を鎮圧する虚しさをおぼえました。

冀《き》州鉅鹿《きょろく》郡の最北端にある下曲陽《かきょくよう》まで軍をすすめた董卓は、張角の軍に敗《やぶ》れました。戦う気がなかったとみたほうがよいでしょう。

——朝廷の命令に従って戦いたくない。

官途の外へだされた董卓は、これをきっかけに、私兵を養うことを考えはじめました。いつか羌族をふくめた西方の兵を糾合《きゅうごう》して、大勢力をつくってみたい。たぶん董卓の志望とはそういうものであったでしょう。

ところが黄巾の乱に刺戟《しげき》されて、西方の羌族と豪族が叛乱を起こしたことによって、ふたたび董卓は中郎将に任命され、さらに破虜《はりょ》将軍を拝命して、叛乱の中心人物である辺章《へんしょう》と韓遂《かんすい》と戦うことになりました。

——しかたがない。やるか。

戦陣にむかう董卓はそんな気分だったでしょう。このときの将帥《しょうすい》は張温《ちょうおん》であり、張温の近くに孫堅《そんけん》がいて、董卓の怠慢《たいまん》を非難したことはまえに述べました。

董卓の機転で敵を大敗させたあと、辺章と韓遂が楡中《ゆちゅう》県（金城《きんじょう》郡の東端）に逃げ込んだため、張温は盪寇《とうこう》将軍の周慎《しゅうしん》に追撃させ、楡中の城を包囲させようとしました。が、孫堅は敵の糧道《りょうどう》を断てばおのずと城は落ちると進言しました。張温はそれを聴《き》かず、包囲を命じました。すると辺章と韓遂は周慎軍の糧道を断ち、官軍を敗走させました。董卓は別に先零羌《せんれいきょう》という羌族の兵を討伐にゆきましたが、かえって包囲され、窮余《きゅうよ》の一策をもって、ひそかに川を渡って死地を脱しました。帰ってみれば、軍を全《まっと》うしたのは董卓だけである、と褒《ほ》められたのですから、皮肉なものです。

中平五年（一八八年）には、前《ぜん》将軍に昇り、騒擾《そうじょう》がつづく西方の鎮圧に遣《や》らされました。が、董卓は内心では羌族と戦いたくなかったでしょう。また、いちはやく羌族の支持をうけて、中央政府の支配をはねのけた韓遂の存在をどうみたでしょうか。おそらく韓遂とは別の方法で、独自の大勢力を築くための模索《もさく》をはじめたでしょう。

中平六年（一八九年）、董卓は中央に召されて少府《しょうふ》に任命されることになりました。それを承《う》けると軍を手離すことになります。すでにその軍は董卓の私兵といってよく、すみずみにまでかれの恩恵がいきとどいています。

――たやすく取られてたまるか。

そうおもった董卓は、遁辞《とんじ》をかまえ、軍の掌握《しょうあく》をつづけました。このことが、董卓に幸運をもたらしました。この年に、霊帝が崩御《ほうぎょ》し、朝廷の擅権《せんけん》をにぎった何進が、宦官を一掃《いっそう》するために董卓を招いたのです。それに応じた董卓は洛陽城の西で待機しました。このときの董卓の心情とはどういうものだったのでしょうか。かれは皇帝と朝廷のために働く気はなかったのですから、何進を助けるふりをしながら、勢力を拡大するきっかけをつかむ肚《はら》であった、と想わざるをえません。が、事態は、董卓のおもわくより先行しました。

何進は宦官に暗殺され、その宦官を袁術《えんじゅつ》と袁紹《えんしょう》がみな殺しにしました。洛陽城の異常に気づいた董卓が兵をいそがせて城内にはいったとき、ほとんどすべてがかたづいていました。一夜で董卓は王朝の主権を手にいれたのです。しかしその容易さが、董卓にとって幸運であったというより、不運であったのではありますまいか。董卓のおもわくは別の形態《けいたい》をめざしていたのに、後漢王朝を継続せざるをえなくなったのです。そこで独自性をだすために、何進が立てた皇帝を廃して、のちに殺し、その生母である何太后《かたいこう》を毒殺し、何進色を消去し、ついに洛陽城をも焼きました。はっきりいって、あらたに立てた幼帝と群臣どもを放擲《ほうてき》したかったでしょう。

——羌族のように、城邑《じょうゆう》の外で生きてみよ。

董卓がかれらにかける心の声はそういうものであったかもしれません。が、董卓は遷都《せんと》先を長安《ちょうあん》としました。長安は前漢時代の首都です。城壁をめぐらした住居区にしか住めない人々への、董卓なりの憐憫《れんびん》でしょう。

董卓はすぐには長安へ移らず、洛陽へむかってくる諸将の軍を撃破しましたが、北上してきた孫堅軍には敗れたので、

「関東の諸将は無能ぞろいだが、ただ孫堅のばか者には用心せよ」

と、いいました。これは裏返せば、孫堅への讃辞です。

長安へ移った董卓は、城の東に小城を築いて自身の住居とし、朝廷を遠隔《えんかく》操作しました。が、翌年（一九二年）、司徒《しと》の王允《おういん》の謀計《ぼうけい》に加担した呂布《りょふ》によって暗殺されました。後漢王朝を意《い》のままにした時期があったとはいえ、それが本意にそった生きかたであったのか、疑問があります。気心《きごころ》の知れた配下とともに、官軍を圧倒して独自の王国を築きたかったのではありますまいか。

呂布

偽善の志士

呂布《りょふ》の生年もわかりません。

あざなを奉先《ほうせん》といい、并《へい》州五原《ごげん》郡の九原《きゅうげん》県の出身です。九原県には五原郡の郡府がありました。九原県の南に河水《かすい》がながれています。并州は大きな州です。その南端は洛陽《らくよう》や長安《ちょうあん》から遠くなく、北端にあるのが朔方《さくほう》郡、五原郡、雲中《うんちゅう》郡、雁門《がんもん》郡で、これらの郡の北には州はなく、異民族である鮮卑《せんぴ》の広大な勢力圏が延々《えんえん》とひろがるばかりです。

呂布の父についての記述が史書にみあたらないということは、かれが良家の出ではないということです。呂布の特徴（特技）について、正史『三国志』は、

「驍武《ぎょうぶ》」

という一語で表現し、『後漢書《ごかんじょ》』はそれを補足《ほそく》するように、

「弓馬《きゅうば》驍武」

と、記《しる》しました。驍はもともと良い馬のことですが、強いという形容詞としてもつかわれます。すなわち射術と馬術に長じ、勇猛であったということです。

并州刺史《しし》の丁原《ていげん》も武人といってよく、自身も騎射《きしゃ》が巧《たく》みであったので、呂布の評判をきくと、州の吏人《りじん》に採用しました。

黄巾《こうきん》の乱のあと、天下の揺蕩《ようとう》はつづき、政情は不安定です。それらすべての元凶《げんきょう》が宦官《かんがん》であることは明白《めいはく》なので、大将軍の何進《かしん》は宦官の掃滅《そうめつ》をはかり、あらかじめ并州兵を首都の洛陽から遠くないところに置くことにしました。

何進に呼び寄せられたかたちの丁原は并州兵を率いて河内《かだい》郡にはいり、そこに駐屯しました。河内郡は洛陽のある河南尹《かなんいん》の北に位置し、両郡のあいだに河水がながれています。丁原は騎都尉《きとい》に任命されると属官である呂布を主簿《しゅぼ》とし、近侍《きんじ》させました。呂布が親愛する配下のひとりであったということです。

何進はすぐに近畿《きんき》にきてくれた丁原をたのもしく感じたのでしょう、霊《れい》帝が崩《ほう》ずると、丁原を洛陽に召して執金吾《しっきんご》に任命しました。執金吾は宮城の警護《けいご》をおこないます。むろん呂布も洛陽城内に移り、丁原を佐《たす》けました。

ほどなく異変が生じました。

何進が宦官に暗殺されると、袁術《えんじゅつ》が挙兵し、ついで袁紹《えんしょう》が宦官殄戮《てんりく》のために起《た》ちました。このとき丁原がどのように動いたのか、あるいは動かなかったのか、わかっていません。何進が亡くなり、幼い皇帝が宦官に拉致《らち》されたとなると、詔令《しょうれい》は何太后《かたいこう》から発せられることになりますが、宦官は偽《にせ》の詔令を作って兵を動かすことができますので、どの命令が正しいのか、丁原だけでなく、ほかの長官もわからなくなったでしょう。とにかく、宮城内の争乱が熄《や》むころに、董卓《とうたく》が西方の三千の兵を率いて乗り込んできました。未明のことです。董卓は配下をつかって敵対する者をことごとく倒すと、宮城をでて幼帝を捜しにゆき、北芒《ほくぼう》山にいるらしいときいて、兵とともにそちらにゆき、北芒阪《ほくぼうはん》の下で少《しょう》帝を奉迎《ほうげい》しました。宮城にもどってきた董卓は、あつかましくも、何進に属していた兵を自分の兵に合わせ、

——これでも足りない。

と、おもい、丁原に近侍している呂布をひそかに呼びました。董卓がなぜ呂布に目をつけたのか、そこはまったく不明です。これは董卓が司空《しくう》の劉弘《りゅうこう》を罷免《ひめん》して自身がその位に昇る以前のことなので、執金吾の属官をかってにつかえるはずがないのですが、とにかく呂布には、

「丁原を殺してこい」

と、命じました。この理《り》不《ふ》尽《じん》な命令をこばまず、すみやかに遂行《すいこう》して丁原を殺害したところに、呂布の人間性のすべてがあるはずなのですが、これ以前に、董卓がなんといって呂布を誘ったのか、それがわからないかぎり呂布の人間性がみえてこないのです。

常識的には、

「丁原の下にいては、いつまで経《た》っても栄達はできない。われの下につけ。なんじのような傑士《けっし》は、すぐに高位に昇れよう」

というようなことを董卓が呂布にいったとおもわれます。しかしその密命のなかに、

「丁原を誅《ころ》すことは、天子のご意向である」

ということばがふくまれていれば、呂布を別の角度でみなおす必要があります。

丁原の死を確認した董卓は、執金吾配下の兵をも収得《しゅうとく》し、すぐさま呂布を騎都尉としました。さらに呂布と、義理の父子の誓い、をしました。

呂布の官位はあがり、中郎将《ちゅうろうしょう》になり、最小の領地がさずけられる都《と》亭《てい》侯に封《ほう》ぜられました。呂布は董卓に絶大に信頼され、つねに近侍しましたが、あるとき董卓を怒らせて手戟《しゅげき》を投げつけられました。戟は二、三メートルの長柄《ながえ》の武器ですが、手戟は片手でつかえる

ように柄を短くした戟です。まともにあたれば即死します。とっさにその刃《やいば》をかわした呂布ですが、このときから董卓を怨むようになりました。また董卓の傅婢《ふひ》（こしもと）と私《し》通《つう》したため、董卓の怒りを恐れ、この胸のうちをうちあけたのが、司徒《しと》の王允《おういん》です。王允は并州太原《たいげん》郡の出身なので、おなじ州の出身者には話をしやすかったのでしょう。董卓に信頼されて朝廷の運営をまかされていた王允は、じつは董卓の暗殺をひそかに計画していました。その計画に呂布を引きいれました。呂布は、

「董卓とは父子の誓いをたてたのです」

と、いいました。王允は嗤《わら》って、

「そなたに戟を投げつけた董卓に、父子の情などあったのだろうか」

と、いい、説得《せっとく》しました。

長安から遠くないところに小城を築いた董卓は、めったに外出しません。そういう董卓が、献《けん》帝の快気《かいき》祝いのため、長安にくることになりました。王允らにとって、この日しか誅殺《ちゅうさつ》を実行する機会はありません。董卓が門内にはいると、騎都尉の李粛《りしゅく》が戟で董卓を刺し、車から落としました。軽傷の董卓は、

「呂布はどこにいる」

と、叫びました。すると董卓を護衛するはずの呂布が、

「詔《しょう》がある。賊臣《ぞくしん》を討つ」

と、いい、矛《ほこ》で董卓を刺し、ほかの兵をうながしてこれを斬らせました。

董卓の死によって、長安城内は官民の歓呼《かんこ》に満ち、朝廷は健康をとりもどしました。殊勲の呂布は奮威《ふんい》将軍となり、温《おん》侯に封ぜられました。ところが、二か月後には、王允らは董卓の部下に報復《ほうふく》され、長安城は陥落しました。董卓の属将であった李傕《りかく》、郭汜《かくし》、樊稠《はんちゅう》、張済《ちょうせい》らは、主《しゅ》を失って意気消沈《いきしょうちん》し、西方へ帰ろうとしました。すると智謀の人である賈詡《かく》が、

「長安を攻撃してみて、うまくいかなかったら、西方へ帰ればよいではありませんか」

と、進言したのです。賈詡はのちに曹操《そうそう》の謀臣《ぼうしん》となって良策を献じますが、このときだした智慧《ちえ》は悪智慧といってよいでしょう。

陥落寸前の長安城において、王允に別れを告げた呂布は、数百騎を率いて南下し、武関《ぶかん》をでて南陽《なんよう》郡にはいりました。南陽郡の北部に本拠をすえていた袁術は、勇将である孫堅《そんけん》を失ったあとだけに、呂布をつかう腹づもりで歓待《かんたい》しました。ところが呂布は董卓を討ったことを鼻にかけ、袁術の兵を私兵としましたので、袁術は嫌悪をあらわにしました。

居ごこちの悪さをおぼえた呂布は、荊《けい》州をあとにして、河内郡の張楊《ちょうよう》を頼りました。張楊は并州出身です。ところが自分の首に賞金がかけられていることを知った呂布は、河内郡をでて、袁紹に身を寄せました。呂布は袁紹のために働き、武功を立てましたが、しだいに増長《ぞうちょう》したため、袁紹を怒らせ、暗殺されそうになりました。逃げだした呂布は張楊のもとに帰りました。

不遇をかこっている呂布に目をつけたのが、陳留《ちんりゅう》太守の張邈《ちょうばく》です。かれは袁紹を嫌い、その袁紹と連携《れんけい》している曹操をも疎《うと》んずるようになっていたため、独自の勢力を築こうとしました。それには呂布の武勇を用いるのがうってつけなので、曹操に信用されている陳宮《ちんきゅう》と共謀して、呂布を迎え、曹操の州というべき兗《えん》州を取ろうとしました。が、このたくらみは、曹操の謀臣である荀彧《じゅんいく》と程昱《ていいく》にさまたげられ、兗州内で曹操の兵と激闘をくりかえしましたが、ついに呂布は敗れ、隣の徐《じょ》州へ逃避《とうひ》しました。

徐州の主《あるじ》は劉備《りゅうび》です。

董卓をはじめ時代の大物と和合《わごう》したり対決してきた呂布にとって、劉備は小物にみえたことでしょう。劉備は、揚《よう》州九江《きゅうこう》郡に本拠を遷《うつ》した袁術と戦っていました。袁術は呂布が徐州にはいったと知るや、書翰《しょかん》をもって連合をもちかけました。それに応じた呂布は、劉備をうしろから襲うかたちで攻撃し、降伏させました。その後も、袁術は劉備を攻撃しましたので、この機に劉備を殺すべきですという属将の意見をしりぞけた呂布は、劉備を助けました。袁術に誠実さがあれば、呂布と堅く組んで、一大勢力を築けたでしょう。その過程で劉備を殺していたはずです。呂布も猜疑《さいぎ》心の強い人で、せっかく助けた劉備を疑って殺そうとします。逃げた劉備が曹操を恃《たの》んだことによって、呂布は曹操に討たれることになりました。

　呂布は董卓を誅して天子を助けたのですから、勤皇《きんのう》の義人としてたたえられてよいはずですが、そのまえに上司である丁原を殺したことが、道徳上の疵《きず》になってしまいました。後世の朱子《しゅし》学には、大義《たいぎ》名分《めいぶん》、という考えかたがあります。大義は国家にかかわる正義で、その点、呂布の行為は大義にそったものです。しかし名分すなわち臣下としての倫理《りんり》では、上司を殺すことは悪とみなされます。ただひとついえることは、よき理解者であった王允が長生きしてくれていたら、呂布には別の生涯があったにちがいないということです。

関羽と張飛

比類ない勇者

関羽《かんう》を祀《まつ》る関帝廟《かんていびょう》は日本にも東西にあります。武神であった関羽は、いまや商売の神さまになっています。

生年がわからない人は多いのですが、関羽もそのひとりです。ちなみに関羽は桓《かん》帝の延《えん》熹《き》三年（一六〇年）に生まれたという説があります。すると劉備《りゅうび》よりひとつ年上になります。それはそれとして関羽は、もとのあざなを長生《ちょうせい》といい、のちに雲長《うんちょう》としました。本名を他人《ひと》に告げることはめったにありません。世間を渡るときにつかうのがあざなで、関羽はそのあざなを改めざるをえない事態に遭遇したのです。

出身地は、近畿《きんき》である河東《かとう》郡の解《かい》県です。

――亡命《ぼうめい》して涿《たく》郡に奔《はし》る。

と、正史にはあります。河東郡からはるかかなたの幽《ゆう》州の涿郡まで逃げたということです。逃げなければならなかったわけとは、なんであったのでしょうか。

伝説には、塩商人のなかでも悪辣《あくらつ》な呂熊《りよゆう》が登場します。おりしも旱天《かんてん》がつづき、人々が水不足に苦しみはじめたとき、呂熊の家にある井戸は滾々《こんこん》と衍《ゆた》かでした。その井戸に水をもらいにくる鄙人《むらびと》をみていた呂熊は、急に蓋《ふた》をしました。若い女がきたときにだけ、蓋をあけて、水を汲《く》ませてやる、ということです。水がなければ生きてゆけない鄙人は、やむなく若い女を呂熊家にやりました。すると女好きの呂熊は、きた女をつぎつぎに強姦《ごうかん》しました。ある女が、その手をのがれて自殺しました。


――許せない。


腹にすえかねた関羽は、呂熊を斬って、出奔《しゅつぽん》したというわけです。

関羽の顔が赤であったとつたえられていることが、正しいとすれば、官憲《かんけん》の手をのがれるために顔を焼いたのかもしれません。

関羽の実家は裕福ではなかったとするのが通説《つうせつ》です。しかし関羽が『春秋左氏伝《しゅんじゅうさしでん》』を暗誦《あんしょう》できるほど熟読していたことはまちがいないので、それなら関羽は中流以上の出ではないかと想像したくなります。『春秋左氏伝』は編年体《へんねんたい》の歴史書で、孔子《こうし》が生まれた魯《ろ》の国の事件を主体とした記述がなされていますが、それは体裁《ていさい》にすぎず、春秋時代の諸国の動静《どうせい》が盛り込まれている多彩な歴史書です。紙は、後漢時代の宦官《かんがん》である蔡倫《さいりん》によって発明されていますので、紙の書物が出回るようになりましたが、それらはすべて写本なので、たいそう高価です。買えないのなら、書物を自分で書き写すしかありません。関羽はどうしたのでしょうか。

なにはともあれ、亡命先の涿郡は、関羽にとって運命の地となりました。涿郡の涿県に、劉備と張飛《ちょうひ》が住んでいたのです。

張飛は涿県の人と正史に書かれていないので、涿県内の住人ではない、とさきに書きましたが、伝承では、涿県（あるいはそれに付属する集落）の人です。劉備が武侠《ぶきょう》集団を作っていたので、十代の張飛はそこにはいり、関羽はそれを隠《かく》れ蓑《みの》につかいました。劉備の集団は犯罪者をかくまう力をもっていたということです。

劉備は関羽と張飛をとくに気にいり、この集団が兵となって転戦するようになると、寝るときは牀《しょう》（ベッド）をともにしたほどです。

関羽と張飛は昼夜劉備からはなれず、劉備を護《まも》りぬいたということです。

何進《かしん》の死後、董卓《とうたく》の専政《せんせい》からはじまった群雄割拠の時代も、袁紹《えんしょう》が斃《たお》れ、劉表《りゅうひょう》が病死すると、その終末を迎え、曹操《そうそう》の魏《ぎ》と孫権《そんけん》の呉《ご》という三国時代に変わろうとしていました。

その変化の境に立っていた劉備は、劉表の客将であったにすぎず、曹操軍に追われて南へ奔っていました。その時点で、寸土《すんど》も所有していない劉備があらたな国を建てるとたれが想像したでしょうか。

　長阪《ちょうはん》で曹操軍に追いつかれた劉備は、まっすぐ南下して江陵《こうりょう》へ到ることをあきらめ、ななめに東へむかいました。が、猛追してくる曹操軍の騎兵が迫ってきたので、劉備は張飛に、

「後拒《こうきょ》せよ」

と、命じました。二十騎を与えられた張飛は、川を楯《たて》にして橋を切り落とし、目を瞋《いか》らせて矛《ほこ》を横たえ、対岸の敵兵に、

「われこそは張益徳《ちょうえきとく》である。いのちの惜《お》しくない者はかかってこい」

と、叫びました。それをみた曹操軍の騎兵は、たれも張飛に近寄れませんでした。張飛の武勇は関羽のそれにまさるとも劣らぬものでした。性質は陽気で、純忠《じゅんちゅう》であり、直情《ちょくじょう》径行《けいこう》型であったように想われます。

　張飛の働きによって漢津《かんしん》にたどりついた劉備は、上流から数百艘《そう》の船がくだってくるのをみました。関羽が編成した船団です。劉備は南下するにあたって、関羽に、

「われは陸をゆく。なんじは船をつかえ。江陵で会おう」
と、いいました。が、漢津で会わず、江陵で会うことになり、劉備はいのちびろいをしました。ただし両者があまりにも都合よく再会しているので、そこには戦況を遠望した関羽の機転《きてん》、あるいは配慮があったとみるべきかもしれません。関羽の武勇は張飛のそれにくらべると、奥ゆきがあります。

このあと曹操軍と孫権軍が赤壁《せきへき》で激突します。圧倒的に有利であると想われていた曹操軍が敗退したことによって、劉備に活動の途《みち》が開かれます。『戦国策《せんごくさく》』という書物に、
「漁夫《ぎょふ》の利《り》」
という話があります。両者が争っているうちに第三者が利益を占めることをいいます。赤壁の戦いのあとに、支配者がいなくなった荊《けい》州南部の諸郡をつぎつぎに取った劉備の行動がそれに比《ちか》いでしょう。そのとき劉備、関羽、張飛に諸葛亮《しょかつりょう》が加わり、諸城を落としたり開城させてゆく光景は、負けることが多かったその主従にとって光輝《こうき》に満ちています。

荊州南部の平定が終わると、関羽は襄陽《じょうよう》太守・盪寇《とうこう》将軍に任ぜられ、江水《こうすい》の北に駐屯します。張飛は宜都《ぎと》太守・征虜《せいりょ》将軍となり、のちに南《なん》郡太守となります。

やがて劉備が益《えき》州にはいって劉璋《りゅうしょう》と戦うことになったとき、張飛は諸葛亮とともに劉備

を援《たす》けにゆきます。途中で巴《は》郡太守の厳顔《げんがん》を破り、生《い》け捕《ど》りにしました。張飛は厳顔にむかって、

「大軍に攻められたのに、なにゆえ降伏せず、抗戦したのか」

と、その愚かさをなじりました。が、厳顔は毅然《きぜん》として、

「あなたがたはゆえもなくわが州を侵奪《しんだつ》しようとしている。わが州には首を斬られる将軍はいても、降伏する将軍などはいない」

と、いって、張飛を感心させました。すぐさま厳顔を釈《ゆる》して賓客《ひんかく》とした張飛は、厳顔の助言を活《い》かして、おどろくべき速さで劉備のもとに到りました。これは張飛がもつ理性の幅《はば》を知らしめてくれました。劉備が益州の平定を終えると、張飛は巴西《はせい》太守に任ぜられました。

荊州は、諸葛亮が行政を、関羽が軍事を掌握《しょうあく》していましたが、諸葛亮が益州へ移ったことで、関羽が全権をにぎりました。

建安《けんあん》二十四年（二一九年）、五十九歳の劉備が漢中《かんちゅう》王となり、関羽は前《ぜん》将軍に任ぜられ、節《せつ》と鉞《えつ》をさずけられました。節は、わりふ（あるいは旗）、鉞は、まさかりです。それらを与えられた将軍は、いちいち君主あるいは皇帝の指示を仰ぐ必要はなく、独断で兵を動

かすことができます。

関羽はほどなく北伐《ほくばつ》を敢行《かんこう》しました。樊《はん》城（襄陽の北隣）にいる曹仁《そうじん》を攻めたのです。曹操は救援のために于《う》禁《きん》をつかわしました。ところが、秋の長雨《ながあめ》のために漢水《かんすい》が氾濫《はんらん》し、船の用意をおこたった于禁軍の陣は水没し、于禁は関羽に捕獲されてしまいました。関羽を恐れた曹操は、遷都《せんと》さえ考えましたが、司馬懿《しばい》と蔣済《しょうせい》に諫《いさ》められて、徐晃《じょこう》を救援にむかわせました。

この間に、呉では陰謀が進行していました。関羽を殺して荊州を取りたい孫権は、呂蒙《りょもう》の策《さく》を容《い》れて、関羽の背後を衝《つ》くことにしました。その策というのはこうです。

呂蒙は病気と称して兵とともに呉都の建業《けんぎょう》に帰り、関羽を安心させる。呉兵が国境を当分侵《おか》さないとみた関羽は守備兵を引き揚げさせるので、呉軍は昼夜兼行で江水をさかのぼり、関羽の本拠地を急襲する。

呂蒙はそれを実行するにあたって、兵に商人の身なりまでさせて、守備する者たちをあざむき、関羽の本拠地を占領しました。呉の主従は策を多用する癖《へき》をもっていますが、ここでの策はいかにも狡《ずる》いものです。

徐晃に敗れた関羽は南下しますが、本拠地が呉軍に奪われたことを知り、進退に窮《きゅう》します。やむなく当陽《とうよう》の南の麦《ばく》城にとどまり、そこから沮水《しょすい》にそって益州へのがれようとします。が、呉の将士にさきまわりされて、臨沮《りんしょ》において、子の関平《かんぺい》とともに斬られました。

喜んだ孫権は関羽の首を曹操へ送りました。ここにも孫権のいやみがあります。われらに関羽を殺すようにしむけたのは、あなたではないか、と曹操にいっているようです。しかし曹操は、関羽の遺骸を諸侯の礼をもって埋葬《まいそう》しました。曹操は孫権とちがって、士《し》を知る人であった、といわざるをえません。

なお関羽をあざむいた呂蒙はそれからすぐに病死しました。後世、関羽を敬仰《けいぎょう》する人々は、呂蒙の死は関羽の霊力によるとおもうようになりました。

関羽が亡くなって、二年後に、張飛も死去しました。車騎《しゃき》将軍になっていた張飛は、劉備が呉を攻めるという決定を承《う》けて、閬中《ろうちゅう》県を発して、江州《こうしゅう》県で主力軍と合流するつもりでした。ところが、いざ出陣というときに、幕下の将である張達《ちょうたつ》と范彊《はんきょう》に殺されてしまいました。ふたりは張飛の首をかかえて江水をくだり、呉へ逃げこみました。張飛は毎日のように兵士を鞭《むち》で叩いていたので、怨まれたのでしょう。曹操の謀臣である程昱《ていいく》は、

「関羽と張飛は一万の兵に匹敵《ひってき》する」

と、いいました。ふたりにとって最大の讃辞は、これでしょう。

劉表

乱世の君子

劉表《りゅうひょう》はあざなを景升《けいしょう》といい、順《じゅん》帝の漢安《かんあん》元年（一四二年）の生まれです。

年齢をくらべてみれば、かれは曹操《そうそう》より十三歳上、劉備《りゅうび》より十九歳上、となります。

出身は兗《えん》州の山陽《さんよう》郡高平《こうへい》県です。その高平県から東北にすすんでゆくと、魯《ろ》国にはいり、魯国を横断すると、諸葛亮《しょかつりょう》の父が赴《ふ》任《にん》する泰山《たいざん》郡があります。ちなみに劉表の先祖は、前漢《ぜんかん》の景《けい》帝の子の劉余《りゅうよ》です。この人は魯の恭《きょう》王とよばれます。景帝の子といえば、劉備の先祖もおなじで、中山靖《ちゅうざんせい》王の劉勝《りゅうしょう》ですから、劉表と劉備の先祖は、兄弟ということになります。

身長は八尺《せき》余ということなので、七尺五寸《すん》の劉備より高かった。

劉表は学者肌の名士であったことから、党人《とうじん》とみなされ、逮捕されそうになりました。

捕吏《ほり》の手をのがれた劉表は、潜伏《せんぷく》をつづけることになりましたが、そのつらさは想像を絶するものでしょう。党錮《とうこ》は、第一次と第二次があります。第二次は、李膺《りよう》が獄死したことからわかるように、かなり厳烈《げんれつ》で、逃げるほうは必死ですが、かれらをかくまうほうもいのちがけです。それにしても、国家のために役立つ賢臣や名士を誅《ころ》して、私腹を肥《こ》やすだけの宦官《かんがん》の恣放《しほう》を増長させる党錮は、後漢王朝の最大の愚行といえるでしょう。

王朝を倒そうとした黄巾《こうきん》の乱が、その愚行をやめさせたことは、歴史の大いなる皮肉です。

何進《かしん》の登場によって、逃げ隠れていた賢人が中央政府に集まりました。劉表も辟《まね》かれて、何進の掾《えん》となりました。

初平《しょへい》元年（一九〇年）は、三国志の世界では重要な年で、董卓《とうたく》が弘農王《こうのう》（少《しょう》帝）を殺し、長安遷都《ちょうあんせんと》をおこない、東方では董卓打倒のために諸将が挙兵しました。南方にも董卓打倒の動きがあり、その尖頭《せんとう》が孫堅《そんけん》でした。孫堅が北上する途中で荊《けい》州刺史《しし》の王叡《おうえい》を殺したため、荊州刺史が不在となりました。そこで選ばれたのが劉表です。

劉表は任地へむかおうとしましたが、賊が散在しており、また荊州の最北端には袁術《えんじゅつ》がとどまっているので、たやすく荊州にはいれません。

おどろいたことに、劉表は単騎で宜城《ぎじょう》県に着いたのです。宜城県は南《なん》郡の北部にあります。近くに漢水《かんすい》（沔水《べんすい》）がながれていますから、その川にそってたどり着いたのかもしれません。ちなみに袁術は、南郡の北隣の南陽《なんよう》郡にいます。

劉表は南方出身ではありませんから、友人、知人は皆無《かいむ》だったでしょう。ただし知名度は低くありません。かつて党人として名指しされた者は、清名《せいめい》があったのです。まず劉表は中廬《ちゅうろ》出身の蒯良《かいりょう》、蒯越《かいえつ》（兄弟）と襄陽《じょうよう》出身の蔡瑁《さいぼう》を招きました。ちなみに中廬と襄陽は近く、ともに宜城からは北にある県です。

劉表は三人に諮《はか》りました。

「この荊州は、賊の勢いが熾《さか》んで、政府に従う者が寡《すく》ない。その乱れに袁術がつけこめば、たいへんなことになる。われはこれから兵を集めたいとおもうが、たぶん兵は集まらない。なにか良策はないか」

蒯良が答えました。

「民衆と諸族が政府に従わないのは、政治をおこなう者に仁《じん》が不足しているからです。従ってもすぐに背《そむ》くのは、義《ぎ》が不足しているからです」

仁義は、儒教《じゅきょう》における最高理念です。端的《たんてき》にいえば、身近な者へのおもいやりが仁であり、他人へのおもいやりが義です。要するに、たれも血のかよった政治をおこなわなかったので、荊州はこうなってしまった、と蒯良はいったのです。

儒教が推奨《すいしょう》する美徳とは、たしかにそういうことでしょうが、喫緊《きっきん》の策にはなりません。

そこで劉表は蒯越にまなざしをむけました。蒯越は智謀《ちぼう》の人です。先祖が蒯通《かいとう》であるといえば、そうか、と膝を打つ人もいるでしょう。蒯通は楚漢《そかん》戦争のころ、韓信《かんしん》という将軍に、

「三国鼎立《ていりつ》」

を説《と》いた人です。それが実現していれば、四百年まえに三国時代となっていたでしょう。

なお、のちに荊州を攻めとることになった曹操《そうそう》は、謀臣である荀彧《じゅんいく》に、

「われは荊州を入手してもうれしくないが、蒯越を得たことだけは、うれしい」

と、書翰《しょかん》を送ったほど、蒯越の智力は抜群です。

蒯越は劉表に答えました。

「平和な時代に世を治める者は、仁義を優先《ゆうせん》すべきでしょうが、乱世では権謀《けんぼう》が先です。兵を集めたい、とおっしゃったが、要《かなめ》となる人を得ることが重要です。袁術は勇気をひけらかしていますが、決断力はありません。あなたさまの敵になるであろう蘇代《そだい》（長沙《ちょうさ》太守）、貝羽《ばいう》（華容《かよう》県長）らは、みな武人にすぎず、恐れる必要はありません。いま賊を帥《ひき》

いている者たちは貪欲《どんよく》で横暴《おうぼう》ですから、配下にうとまれています。わたしにはもともと養っている者がいるので、かれらをつかって連中に有利な条件を示せば、かならず兵を率いてきます。あなたさまは連中をごらんになって、無道である者を誅《ころ》し、残りの者を撫有《ぶゆう》なさればよい。そのように兵を集め、民心を得たうえで、南の江陵《こうりょう》から北の襄陽まで兵を配して守れば、荊州全郡は檄《げき》をとばすだけで平定できます」

すさまじい内容をもった献策といってよいでしょう。乱世とはこういう荒々しさを踏み越えてゆくものだと痛感した劉表は、蒯越の策を採用しました。新任の荊州刺史に優遇されるとおもいこんだ賊の首領がつぎつぎにやってきました。その数は五十五で、劉表はかれらをみて、

——ひとりとして人民の益になる者はいない。

と、判断し、その五十五人を残らず斬って、かれらの配下をおさえました。ただし南郡のとなりの江夏《こうか》郡の賊である張虎《ちょうこ》と陳生《ちんせい》（または陳坐《ちんざ》）が南郡を侵し、襄陽に立て籠って、劉表の誘いに乗りませんでした。そこで蒯越と龐季《ほうき》を遣《や》ってふたりを説得させることにしました。蒯越と龐季は従《とも》もつれずに城に乗り込んで利害を説き、降伏させました。

荊州諸郡のうち南陽郡、南郡、江夏郡が北にあって、あとの郡が江水《こうすい》より南にあるので、

江南《こうなん》とよばれます。南郡をまずおさえた劉表にとって、江南の平定はさほどむずかしいものではありませんでした。

劉表は本拠を襄陽（南郡の最北端）へ移しました。

建安《けんあん》元年（一九六年）は、長安からのがれた献《けん》帝が、洛陽《らくよう》に帰着し、曹操に迎えられた年です。董卓の属将であった張済《ちょうせい》は、長安における権力争いに参加しませんでしたが、献帝が東へ遷《うつ》ったとあっては、自身の威権も衰弱すると想い、あらたな本拠地を求めて、南陽郡を侵し、穰《じょう》城を攻めました。しかし武運が尽きていたのか、飛矢《ひし》にあたって死にました。荊州の官吏《かんり》はこぞってそれを賀《いわ》いました。しかし劉表は、喜ばず、

「張済は窮《きゅう》して荊州にきたのに、荊州の主人は無礼にも鋒《ほこ》を交えるに至《いた》った。これは荊州牧《ぼく》としてのわが本意ではない。われは弔辞《ちょうじ》を受けるが、賀辞は受けない」

と、いい、人を遣って、張済の兵を収めることにしたのです。逃げ場を失っていた兵は劉表の言をきいて喜び、みな服従しました。この一事は、劉表の度量《どりょう》の大きさを表《あらわ》しているようにみえます。が、それは儒教的な礼容《れいよう》でしょう。そもそも劉表を荊州刺史（のちに牧）に叙任《じょにん》したのは董卓であり、張済はまがりなりにも驃騎《ひょうき》将軍であったのですから、敬意をもって迎えるのが礼である、と劉表は考えたにちがいありません。ある意味で、それ

が英雄としての劉表の限界を暗示しているといえます。

劉表は曹操、劉備などの父兄にひとしい年齢なので、国家が尊重する思想や慣習に縛《しば》られやすく、束縛《そくばく》されない自己を確立するのはむずかしかったといえます。

しかしながら、劉表は乱世にあっても君子であることをめざそうとし、やむをえない場合にだけ、武力を用いましたので、官民は敬服し、盗賊さえ改心して劉表のために働いたといわれています。ほかの州では戦乱が熄《や》まないのに、荊州だけが平穏であるという奇蹟《きせき》的な治安を定着させた点で、劉表は特記《とっき》される存在でしょう。

劉表は学校を設立して、すぐれた儒者を広く求めました。

が、天下の趨勢《すうせい》が、袁紹《えんしょう》と曹操の決戦のあとにはっきりしてくると予想した重臣たちは、

「向後《こうご》、中立を保ちつづけることはむりです」

と、述べ、劉表が袁紹から援軍を求められてそれに応じながら、軍をださないことを危ぶみました。それならいっそ、曹操に従ったほうがよく、そうすれば劉表の子孫は永く曹操に大切にされるので、これこそ万全《ばんぜん》の策です、と説きました。しかし劉表は狐疑《こぎ》して、その進言を容《い》れませんでした。劉表は名士でしたから、名門の袁氏を認めても、宦官の子孫である曹氏を敬う気になれなかったでしょう。

けっきょく曹操が官渡《かんと》の戦いで袁紹を撃破し、その後、曹操が冀《き》州を平定して袁紹の子を討滅するまで、劉表は傍観者としてすごし、曹操が荊州に兵をいれようとするときに、病歿しました。享年は六十七です。

乱世をしたたかに生きたといえる賈詡《かく》は、曹操に仕えるまえに、劉表の器量をさぐるべく、会見したことがあります。かれは劉表をこうみました。

「劉表は平和な時代であれば、三公の位に昇る才徳をもっている。が、いまの世では、事態の変化をみぬけず、疑い深く決断力がないので、けっきょくなにも成し遂げられない」

正鵠《せいこく》を射《い》ているかもしれません。

周瑜

熱血の人

周瑜《しゅうゆ》はあざなを公瑾《こうきん》といい、揚《よう》州の廬《ろ》江《こう》郡舒《じょ》県の出身です。

生年は霊《れい》帝の熹平《きへい》四年（一七五年）なので、孫策《そんさく》と同年となることはまえに述べました。

周瑜は名門の出といってよいでしょう。

従祖父《じゅうそふ》に周景《しゅうけい》という人物がいました。従祖父は、父の従兄弟《いとこ》、あるいは祖父の兄弟をいいます。周景は太尉《たいい》の位まで昇った人ですが、その途上で、豫《よ》州刺史《しし》になりました。そのとき陳蕃《ちんばん》を辟《まね》いて別駕《べつが》従事《じゅうじ》としました。陳蕃はのちに外戚《がいせき》および宦官《かんがん》と闘う清流《せいりゅう》の旗手《きしゅ》として大いに尊敬されたのですから、周景は権力者に媚《こ》びる人ではなかったようです。

周瑜の父の周異《しゅうい》は洛陽《らくよう》県の令《れい》になりました。洛陽は首都ですから、県令としては最高でしょう。

周瑜は名家のあとつぎとしてすぐれた姿貌《しぼう》をそなえるようになりました。世が擾乱《じょうらん》しなければ、周瑜は孝廉《こうれん》に挙《あ》げられ、洛陽にのぼって中央政府にはいり、累進《るいしん》してゆくことになったでしょう。が、十歳のときに、黄巾《こうきん》の乱が勃発《ぼっぱつ》し、それ以降、天下は騒然《そうぜん》としつづけました。

黄巾の乱の鎮圧を命じられた朱儁《しゅしゅん》が驍名《ぎょうめい》のある孫堅《そんけん》を幕下《ばっか》に招いたことで、それに応《こた》えた孫堅が家族を九江《きゅうこう》郡の寿春《じゅしゅん》に住まわせたこともすでに述べました。九江郡と廬江郡は隣《りん》接《せつ》しています。孫堅の子の孫策の評判が高いので、周瑜が孫策に会いに行ったのは、わかるといえばわかる、わからぬといえばわからぬ話です。黄巾軍との戦いで功を立てた孫堅が別部《べつぶ》司馬《しば》に任ぜられ、そのあと西方の鎮討《ちんとう》にむかった張温《ちょうおん》の参謀になったとはいえ、孫氏の家は周氏の家よりはるかに卑《ひく》い家柄《いえがら》です。その家を、十代の周瑜が郡の境を越えて訪問したというのは、どう解すべきでしょうか。

——これからは、実力のある者の世になる。

官界における尊卑《そんぴ》が意味をなさなくなる、という認識を周瑜がもち、実力でこの動揺する世を生きぬくためには同志が要《い》る、と考えて孫策に会いに行ったとすれば、周瑜は早熟の天才です。

「蓋《がい》を傾《かたむ》くること故《こ》の如《ごと》し」

という成語があります。蓋は馬車に立てる傘です。途中で出会った人がたがいに傘をかたむけ、友人のように話し合うことをいいます。昨日まではまったくの他人であったのに、会ったとたん、旧知のあいだがらのように親しくなる。周瑜と孫策がそれでしょう。

孫堅が董卓《とうたく》を討滅《とうめつ》すべく挙兵した際に、周瑜は、

「ご家族を、舒県へお移しになったらいかがですか」

と、進言しました。孫堅がその進言を容《い》れたということは、両家がよほど親しくなって

いたという証左《しょうさ》です。が、つらいことに、孫堅は死者として帰還しました。孫策は舒県を去りました。ふたりは再会を約束したでしょうが、おなじ道をすすめるほど事態は平易《へいい》ではありません。やがて周瑜の従父《おじ》の周尚《しゅうしょう》が丹楊《たんよう》太守に任ぜられました。舒県から丹楊郡へ往くのはたやすく、江水《こうすい》を渡るだけで到着できます。従父に会いに行って、丹楊郡にとどまっていた周瑜は、おもいがけない風聞《ふうぶん》を耳にします。

袁術《えんじゅつ》の属将である孫策が、九江郡の歴陽《れきよう》から江水を渡って丹楊郡に進出しようとしている。そういううわさです。

――まことだろうか。

半信半疑の周瑜のもとに孫策からの書翰《しょかん》がとどきました。勇躍《ゆうやく》した周瑜は手勢を率いて孫策を出迎えました。ずいぶん早い再会です。別れてから二年（あるいは三年）しか経《た》っていません。

周瑜の顔をみた孫策は大いに喜悦《きえつ》して、

「われはきみを得て、すべてがととのった」

と、いいました。ふたりが再会した地は、歴陽なのでしょうか。それなら周瑜が江水を渡ったことになります。合流したふたりは、対岸域にある秣陵《まつりょう》を攻めるべく江水を渡りました。周瑜は往復の渡江《とこう》をしたことになります。

孫策の敵は劉繇《りゅうよう》です。

じつは劉繇こそ正式な揚州刺史ですが、江水の両岸域に王国を築こうとしている袁術にとって邪魔《じゃま》な存在です。それゆえ孫策をつかってその勢力を排除しようとしたのですが、孫策は袁術の不誠実さに失望し、この機に独立するつもりです。

劉繇は呉《ご》郡の曲阿《きょくあ》にいます。劉繇の属将の軍を破った孫策と周瑜は、北上して湖孰《こじゅく》（湖《こ》熟《じゅく》）と江乗《こうじょう》の城を落とし、ついに呉郡に踏み込んで曲阿を攻め取りました。逃げた劉繇は、江水に臨む丹徒《たんと》県から川をさかのぼって豫章《よしょう》郡の彭沢《ほうたく》に到りました。が、孫策にむかって反撃する力はなく、そこで病死しました。かれは後漢末の名臣のひとりといってよいでしょうが、革命期では、その名臣を迫害した孫策を英雄とみなすふしぎさがあると想うべきです。

勝者である孫策に帰順する兵が増えつづけ、数万にもなりました。そこで孫策は周瑜にむかって、

「われはこの兵をもって呉郡と会稽《かいけい》郡を取る。あなたは還って丹楊郡を鎮《しず》めてくれ」

と、いいました。実際、このあと孫策は呉郡を平定し、南下して、会稽郡に攻め込んで太守の王朗《おうろう》を降《くだ》しました。王朗は、曹操《そうそう》の子の曹丕《そうひ》が帝位に即《つ》いたあと、絶大に曹丕に信頼された賢臣ですが、その徳望をもってしても、孫策にはかなわなかったのです。

周瑜は丹楊郡の従父のもとにもどりました。やがて袁術が郡守の更迭《こうてつ》をおこない、従弟《じゅうてい》の袁胤《えんいん》を送り込んできたので、従父とともに袁術の政府がある寿春へゆきました。

袁術は傲慢《ごうまん》な人で、近くにいる者、親しい者にしか重任をさずけませんが、周瑜の爽《さわ》やかな容儀《ようぎ》をみて、めずらしく気にいったせいで、

――将にとりたててやろう。

と、おもいました。が、周瑜は、かつて袁術が孫堅と孫策をどのように用いたかを知っていますし、袁術には新しい才能を活用する志《こころざし》がないと判断したので、

「居巣《きょそう》県の長に任じていただきたい」

と、願い出ました。居巣県は廬江郡の東南部にあり、出身地の舒県から遠くありません。これは袁術のもとから去り、孫策のもとにもどるためのちょっとした策です。それが許された周瑜はすみやかに寿春をあとにすると、いちおう居巣へ赴《おもむ》き、そこから呉郡へゆきました。

こんどは孫策が周瑜を出迎えました。

これが建安《けんあん》三年（一九八年）のことである、と正史にはありますので、ふたりは二十四歳です。

独自の政府を作った孫策は、周瑜を建威中郎将《けんいちゅうろうしょう》に任じ、二千の兵と五十の騎馬をさずけました。それから軍事的に重要地点というべき牛渚《ぎゅうしょ》の守りをまかせ、のちに春穀《しゅんこく》県の長の席を与えました。

孫策と周瑜が江水を渡って廬江郡南部にある皖《かん》を攻めて、陥落させたとき、ふたりの女《むすめ》を捕虜にしました。ふたりは姉妹で、ともに、

「国色《こくしょく》」

と、呼ばれるほどの美女でした。国色は、国のなかでもっともすぐれた容色をいいます。すかさず孫策は姉の大橋《たいきょう》を妻とし、周瑜は妹の小橋《しょうきょう》を妻としました。そのあと孫策は、

「ふたりの女は故郷を離れることになったが、われらふたりが婿であれば、喜んでよいのではないか」

と、いって笑いました。このとき周瑜は中護軍《ちゅうごぐん》という官にあって、孫策の軍事を佐《たす》け、荊《けい》州の江夏《こうか》郡を攻め、軍を返して豫章郡の深部まですすんで、廬陵《ろりょう》県を取りました。

揚州は、九江郡、廬江郡、呉郡、丹楊郡、会稽郡、豫章郡という六郡から成り、九江郡に本拠を置いていた袁術が自滅したため、ほぼ全郡を孫策が平定したことになります。

——まだ一州を定めたにすぎない。

孫策と周瑜はそう想ったでしょう。北では袁紹《えんしょう》と曹操が戦っています。この機に勢力を拡大しようとした孫策が、なんと横死《おうし》しました。周瑜にとっては、痛恨《つうこん》の極《きわ》みであったでしょう。葬儀にかけつけた周瑜は、呉にとどまり、長史《ちょうし》の張昭《ちょうしょう》とともに、すべての事務をとりしきりました。孫策のあとを継いだ弟の孫権《そんけん》が、まだ二十歳まえという年齢であり、その若さをみくびって諸豪族が離叛《りはん》するかもしれないというむずかしい局面を、周瑜はほかの重臣とともに乗り切りました。

荊州を降した曹操が巨大な水軍を率いて揚州をめざしてきたとき、周瑜は三十四歳でした。その水軍を周瑜の水軍が撃破した赤壁《せきへき》の戦いについては、あとで詳述します。

曹操軍を潰走《かいそう》させた周瑜は、軍を荊州の南《なん》郡まですすめて、曹仁《そうじん》と対峙《たいじ》します。戦いは翌年までつづき、ついに曹仁を江陵《こうりょう》から逐《お》った周瑜は、南郡太守に任ぜられます。

——ここまできたら、蜀《しょく》を併呑《へいどん》するのがよい。

そう考えた周瑜は、孫権のもとへゆき、江水をさかのぼって蜀を取り、漢中《かんちゅう》の張魯《ちょうろ》を降し、涼《りょう》州に蟠踞《ばんきょ》する馬超《ばちょう》と同盟する、という壮大な策を献じました。それが聴許《ちょうきょ》されたので、遠征の準備にとりかかろうと江陵にもどる途中で、巴丘《はきゅう》において発病して死去しました。享年は、三十六です。

呉が天下を制するという壮図《そうと》を画《か》いたのは、周瑜と魯粛《ろしゅく》だけであったといってよいでしょう。のちに皇帝となった孫権は、

「周公瑾がおらねば、われは帝位に即けなかった」

と、いいました。本音《ほんね》でしょう。

荀彧

時代の狭間に立つ

荀彧《じゅんいく》は創業期の曹操《そうそう》を、程昱《ていいく》とともに支えた名臣です。

生年は、桓《かん》帝の延熹《えんき》六年（一六三年）です。曹操より八歳下ということになります。

あざなを文若《ぶんじゃく》といいます。出身地は、豫《よ》州潁川《えいせん》郡の潁陰《えいいん》県です。潁川郡はさほど大きな郡ではありませんが、首都の洛陽《らくよう》に近いので、重要な郡です。また潁川郡は秀才を輩出《はいしゅつ》する郡として有名です。

後漢時代の末から三国時代の初めに活躍する人々をみますと、父祖の徳がいかに子孫をうるおしているかがわかります。荀彧の祖父を荀淑《じゅんしゅく》といい、そうとうにすぐれた人です。かれは清士《せいし》というべき李固《りこ》や李膺《りよう》と親しく交わり、外戚《がいせき》の梁冀《りょうき》を批判したことで、朝廷の高位には昇れませんでしたが、清名《せいめい》を保ったまま亡くなりました。荀淑の子は八人いて、上から二番目の荀緄《じゅんこん》が、荀彧の父です。荀緄は青《せい》州済南《せいなん》国の相《しょう》まで昇りました。荀緄は体制順応型の人で、宦官《かんがん》の威力を恐れ敬うところがあり、子の荀彧のために宦官の唐衡《とうこう》の女《むすめ》を娶《めと》りました。これが荀彧の生きかたをむずかしくさせたといえるでしょう。

当時は人物鑑定が流行《はや》っていて、それに定評のある何顒《かぎょう》がたまたま若い荀彧をみて、

「王佐《おうさ》の才がある」

と、称《ほ》めました。何顒は袁紹《えんしょう》の友人であり、いわゆる奔走《ほんそう》の友《とも》のひとりです。このほめことばは、荀彧に勇気を与えたことでしょう。王佐とは、王を佐《たす》けることで、宰相《さいしょう》を指しています。

　二十七歳のときに、孝廉《こうれん》に挙《あ》げられ、亢父《こうほ》県の令に任ぜられました。じつはその年、中《ちゅう》平《へい》六年（一八九年）は、霊《れい》帝が崩御《ほうぎょ》した年で、年内に元号が四つもある、というめずらしい年です。霊帝が亡くなるまでは中平六年で、少《しょう》帝が即位したあと、光熹《こうき》と改元されました。それが四月のことで、八月になると、袁紹らが宦官を殄滅《てんめつ》したため、昭寧《しょうねい》と改元しました。ところが翌九月には、董卓《とうたく》が少帝を廃して献《けん》帝を立てたので、永漢《えいかん》と改元しました。おもしろいことに、年末には、光熹、昭寧、永漢という元号をすべて棄《す》てて、中平六年にもどすという詔《しょう》がくだされたのです。

　正史はなぜか、永漢元年という元号を用い、荀彧は孝廉に挙げられたあと、守宮令《しゅきゅうれい》（文房具の管理係）に任ぜられ、董卓の乱があったので、願い出て亢父県の令となった、としています。永漢元年は四か月しかないことを承知で、陳寿《ちんじゅ》はあえてその元号を用いたのでしょうか。

　亢父県の令になった荀彧ですが、官を棄てて帰郷します。郷里の人々をたばねているのが父老《ふろう》ですから、荀彧は父老に面会して、

「潁川は四方から攻撃される地です。天下に変事が起これば、潁川で兵が衝突することになるのです。すみやかにこの地を去るべきです」

と、説きました。決断をくだせない父老は、郷里の人々の意見を求めました。が、たれも家を棄てて郷里から離れることを望みません。危機感が激しくなかったことと、安全な地がどこにあるのかわからなかったせいでもあったでしょう。しかし荀彧だけは、この地にとどまっていると、かならず戦渦《せんか》にまきこまれて死ぬことになる、という認識です。

やがて冀《き》州から騎兵がきました。冀州牧《ぼく》である韓馥《かんふく》につかわされた騎兵です。韓馥は潁川郡の出身なので、潁川郡の人々が戦火にさらされることをあわれみ、冀州への移住を勧め、騎兵に護衛させようとしたのです。

――韓馥は仁慈《じんじ》の人だ。

感動した荀彧はその迎えに応じようとしましたが、郷里の人々はたれも腰をあげません。しかたがないので荀彧だけが一門の人々を率いて冀州へ徙《うつ》りました。ところが、冀州では、袁紹が韓馥を恫《おど》して牧の位を奪ったあとなので、袁紹に反感をいだいた荀彧は、冀州を去りました。袁紹はいちどは荀彧を厚遇しましたが、妻が宦官の娘であると知って、興醒《きょうざ》めしたにちがいありません。

荀彧は冀州から南下して兗《えん》州の東《とう》郡にはいり、この郡を統治しはじめたばかりの曹操を頼りました。荀彧を迎えた曹操は大いに悦《よろこ》び、

「われの子房《しぼう》である」

と、いいました。子房は、劉邦《りゅうほう》に天下を取らせた軍師の張良《ちょうりょう》のあざなです。このひとことで、曹操と袁紹の器量のちがいを感じた荀彧は、

――この人に天下を取らせたい。

と、おもったでしょう。荀彧は司馬《しば》に任ぜられました。二十九歳でした。

それから二年後に、曹操が父と弟を避難先から迎えようとしたとき、ふたりが徐《じょ》州兵に殺されるという事件が起こりました。嚇怒《かくど》した曹操は、兗州兵を率いて徐州を攻めました。ところが、空《から》同然の兗州を奪うべく呂布《りょふ》がはいりこんできました。しかも呂布をかついだのは、曹操に親しい陳留太守《ちんりゅうたいしゅ》の張邈《ちょうばく》と重臣の陳宮《ちんきゅう》ですから、かれらの計策《けいさく》はぬけめがありませんでした。曹操の主城である鄄《けん》城に、張邈の使者がきました。

「呂布将軍がきたのは、曹操どのが徐州の陶謙《とうけん》を攻撃する助勢のためです。よろしくすみやかに兵と兵糧《ひょうろう》を提供していただきたい」

だが、鄄城をあずかっていた荀彧は騙《だま》されませんでした。程昱にほかの二城の主《あるじ》の説得にむかってもらい、三城を保って、曹操の帰還を待ったのです。兗州では、その三城をのぞいて、すべての城が呂布に降《くだ》ったのです。帰還した曹操は呂布と激闘をくりかえし、つ

いに呂布を州外に逐《お》いました。荀彧と程昱の働きがなかったら、曹操には帰る州がなくなっていたのです。

兗州の統治が堅固になったと感じた荀彧が、曹操の伸展《しんてん》のために着目したのは、献帝のあつかいです。袁紹は、献帝が董卓によって立てられたことを嫌い、幽《ゆう》州牧である劉虞《りゅうぐ》を皇帝に立てようと画策《かくさく》したことがありました。それがうまくいかなかったあとは、いっそ献帝は殺されたほうがよい、とおもったかもしれません。もしかすると、曹操もおなじ念《おも》いではなかったでしょうか。しかし献帝は董卓に殺されず、董卓の配下が王朝を支配しても、殺されず、どこかの州へのがれようとしています。荀彧が恐れたのは、

「袁紹が考えをあらためて、天子を迎えるようなことになれば、天下の中心が冀州になってしまう」

ということです。そこで荀彧は曹操に献帝を迎えて王朝を運営することを勧《すす》めます。これは、ことばをかえれば、

「あなたさまが天子になる志望をお棄てください」

と、いったことになります。曹操は悩んだでしょう。が、けっきょく曹操は荀彧の進言を容《い》れ、洛陽まで逃避行をつづけてきた献帝を迎えて、潁川郡の許《きょ》県に首都を遷《うつ》して、王

朝を再開させます。当然のことながら、それを憎んだ袁紹との交誼《こうぎ》は切断されることになり、雌雄《しゆう》を決することになりました。

袁紹軍と曹操軍が激突した建安《けんあん》五年（二〇〇年）の官渡《かんと》の戦いについては、またあとで述べることになりましょう。十月に袁紹軍は総くずれとなりました。苦戦つづきの曹操を励《はげ》まして勝利にみちびいたのも、荀彧です。この功により、荀彧は万歳亭《ばんさいてい》侯となり、一千戸《こ》をさずけられました。

このあと荊《けい》州の劉表《りゅうひょう》を攻めたい曹操を諌《いさ》めて、冀州の袁氏を攻めさせた荀彧の計画図は正確そのものです。曹操はつくづく感心して、

「あなたが反対してくれなかったら、われは多くを失ったであろう」

と、いいました。曹操は荀彧の食邑《しょくゆう》を二千戸としました。北方の平定を終えた曹操は、荀彧に諮《はか》って南方の攻略をはじめ、荊州をやすやすと得ると、江水《こうすい》をくだり、赤壁《せきへき》において孫権《そんけん》軍に大敗しました。

赤壁の戦いがあった年から三年後の建安十六年（二一一年）に、曹操は西へ兵をむけて、韓遂《かんすい》、馬超《ばちょう》らを撃《う》ち、西方を平定しました。東西南北のうち、南方と益《えき》州を残して平定を成《な》し遂《と》げた曹操に、

「魏《ぎ》国公の爵位がさずけられてもよいではないか」

という意見が、群臣のあいだでさかんとなりました。が、荀彧はそれに賛同しませんでした。

「義心《ぎしん》が汚れる」

というのが、反対した理由です。曹操は欲得ずくで挙兵したわけではなく、献帝を助けているのも節義のあらわれであるのに、ここで独自の公国《こうこく》を樹ててしまえば、天下の人々を失望させる、と荀彧は考えたのです。しかし曹操は気にいりませんでした。

じつは献帝とその周辺の臣に、曹操を暗殺する計画があったとき、かれらを監視していたはずの荀彧は、ひとことも曹操に通報しませんでした。

そのこともあって、

――荀彧は、皇帝側の臣となったのか。

と、おもった曹操は、翌建安十七年（二一二年）に、南征をおこなうにあたって荀彧を従軍させました。献帝から離したのです。

荀彧は病となって寿春《じゅしゅん》にとどまりました。

本営にいた曹操は荀彧に食べ物を饋《おく》りました。ひらいてみると、なかにあったのは空《から》の器《うつわ》です。

——そういうことか。

荀彧はためらうことなく毒薬を飲んで亡くなりました。五十歳でした。明恕《めいじょ》の人というべき荀彧は、曹操と献帝のあいだに立ち、両者がうまく立ちゆくように配慮しつづけたのでしょう。が、その腐心《ふしん》は曹操に誤解されました。しかしながら、曹操が公となり王となってゆくのは、時代の趨勢《すうせい》であり、荀彧ひとりでは止めようがないのは、わかりすぎるほどわかっていたはずです。荀彧が献帝に近づきすぎたのが不運であったといえましょう。

第四章　手に汗握る名勝負

官渡の戦い

袁紹《えんしょう》×曹操《そうそう》
司《し》州河《か》南尹官渡《なんいんかんと》
建安《けんあん》五年（二〇〇年）

官渡の戦いは、三国志の世界における前半のクライマックスです。

この決戦に至るまで、袁紹と曹操はそれぞれ懸案《けんあん》をかかえていました。まず袁紹からいいますと、幽《ゆう》州の雄《ゆう》というべき公孫瓚《こうそんさん》との戦いです。

公孫瓚は幽州牧《ぼく》の劉虞《りゆうぐ》との確執《かくしつ》があり、ついに劉虞を殺しました。しかし劉虞は名君といってよい人で、かれを敬慕する者は多く、主君の仇を討とうとしました。その気運をとらえた袁紹は、公孫瓚を攻撃しました。敗北を重ねた公孫瓚は、易京《えききょう》にしりぞき、堅固な土の城を築き、数十年間食べても尽きない穀物を積んで、袁紹の攻撃をしのぐことにしました。袁紹はその城を攻撃させましたが、数年経《た》っても陥落させられなかったのです。懸案とは、それをいいます。

しびれをきらした袁紹は、全軍を率いてその城を包囲し、地下道を掘らせて公孫瓚を追いつめ、ついに自殺させました。それが建安四年（一九九年）の三月のことです。難件をかたづけた袁紹は、北にむけていた目を南にむけることになりました。半月後には、

――首都の許《きょ》を攻略してやろう。

と、おもうようになりました。

一方の曹操の懸案とは、呂布《りょふ》の始末です。徐《じょ》州を支配している呂布がうるさいので、曹操は建安三年（一九八年）の九月に、呂布を討伐すべく軍を率いて東行しました。十月には、彭城《ほうじょう》を陥落させて、相《しょう》である侯諧《こうかい》を捕らえました。下邳《かひ》まで進撃した曹操軍は敵の勇将である成廉《せいれん》を捕らえました。呂布の主城である下邳城には川の水をそそぎ、陳宮《ちんきゅう》らを捕らえて、城内の将士を降伏させました。呂布も降伏したのです。曹操は呂布と陳宮を殺さずに活用したい、とおもいましたが、同行していた劉備《りゅうび》に、

「呂布が丁原《ていげん》と董卓《とうたく》に仕えながら裏切った事実をお忘れでしょうか」

と、いわれたので、呂布と陳宮を誅《ころ》すことにしました。呂布は劉備をゆびさして、

「こやつこそ、もっとも信用がならぬのだ」

と、ののしりました。とにかく徐州の平定を終えたのが十二月で、

——明年は、袁紹との戦いに備えねばならぬ。

と、曹操は気をひきしめたことでしょう。

建安四年の八月に、曹操は軍をすすめて黎陽《れいよう》に到り、呂布の部将であった臧覇《そうは》らを青《せい》州へ遣《や》って、袁紹の青州支配を阻止しようとしました。袁紹は公孫瓚を討滅したあと、長男の袁譚《えんたん》を外へ出して、青州を治めさせました。もとは韓馥《かんふく》に仕えていた賢臣の沮授《そじゅ》は、すかさず袁紹を諫《いさ》めました。

「それこそ禍《わざわ》いのはじまりとなりましょう」

しかし袁紹は聴《き》く耳をもたず、

「われは子らにそれぞれ一州を治めさせたいのだ」

と、いい、次男の袁熙《えんき》に幽州を与え、甥《おい》の高幹《こうかん》に幷《へい》州をさずけました。

袁紹は長安《ちょうあん》をのがれてきた献《けん》帝が曹操に擁佑《ようゆう》されていることが気にいらず、あらたな首都である許が低湿《ていしつ》地であるから、

「鄄《けん》城に遷都せよ」

と、いったことがあります。鄄城は許にくらべるとはるかに冀《き》州に近いのです。むろん曹操はそれを拒絶しました。すると袁紹の謀臣のひとりである田豊《でんほう》が、

「遷都の計画について、曹操が従わないのであれば、早急に許を攻略して天子を奉迎《ほうげい》すべきです。そうすれば詔令《しょうれい》にかこつけて天下に号令をくだせます。いまそうしなければ、あとで悔《く》いてもなんの益《えき》もありません」

と、説《と》きました。が、袁紹は即断できない人です。ききながしただけでした。軍事にかぎらずものごとをおこなって成功しやすい好機があり、それをのがすと、あとでひどい目にあう、というのが田豊の考えかたです。田豊は主にめぐまれなかったというべきでしょう。

なにはともあれ、袁紹軍は最盛期を迎えました。兵力は数十万であり、審配《しんはい》と逢紀《ほうき》が軍事を統轄《とうかつ》しています。田豊、荀諶《じゅんしん》、許攸《きょゆう》が参謀となり、顔良《がんりょう》、文醜《ぶんしゅう》が将帥《しょうすい》です。精兵は十万いて、騎兵が一万という充実ぶりです。

許の朝廷でも、

「袁紹と曹操が戦えば、曹操が負けるだろう」

と、ささやかれるようになりました。が、毅然《きぜん》とした居《い》ずまいをくずさない曹操は、

「われは袁紹の人となりを知っている。志《こころざし》は大きくても智力は小さい。容姿はいかめしいが肝《きも》は太くない。他人の才能をねたんで、それに克《か》とうとするが、威厳に欠ける。兵は

多いが、分轄《ぶんかつ》が不明であり、将は驕《おご》っており、政治の命令は一貫していない。支配地は広大であり、食料は豊かであっても、それらはわれわれへの捧《ささ》げ物になるであろう」

と、豪語《ごうご》しました。曹操が袁紹をまったく恐れなかったはずはなく、むしろ恐れるあまりそういって、おのれを励ましたのでしょう。

曹操は黎陽まで軍をすすめたと述べましたが、黎陽は冀州の最南端にありますから、曹操は敵地に一歩踏み込んだことになります。あえて袁紹を刺戟《しげき》して、反応をみようとしたのでしょう。ひと月後に許に帰還した曹操は、許の北にある官渡に兵を配置しました。主戦場がそこになる予想をしたのでしょう。

年があらたまれば、彼此《ひし》の命運にかかわる建安五年です。

正月に、曹操は裏切った劉備を討伐します。軍を徐州まですすめることに諸将は反対しましたが、軍師の郭嘉《かくか》だけは賛成し、曹操はかなりの速さで劉備を討ち、部下の関羽《かんう》を捕らえて帰還しました。地団駄《じだんだ》を踏んだのは、田豊です。劉備を攻めている曹操の背後を襲えば、一度で平定できる、と袁紹に出師《すいし》をすすめたのに、袁紹が動かなかったからです。郭嘉という天才兵法家は、そうなるであろうと予測して、曹操に遠征を勧《すす》めたのです。

なにはともあれ、袁紹が出師したのは、二月です。

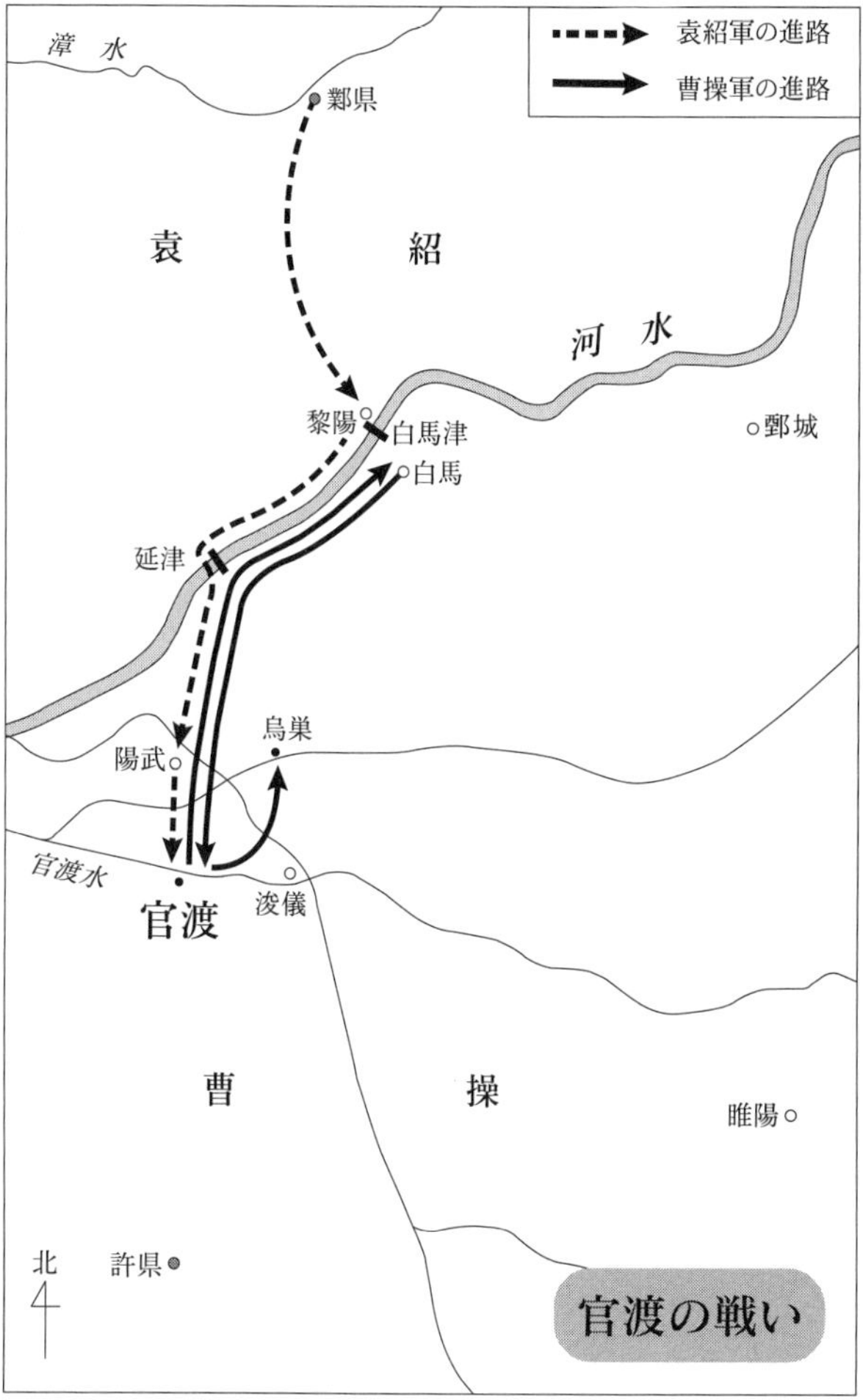

官渡の戦い

郭図《かくと》、淳于瓊《じゅんうけい》、顔良を先行させて、白馬《はくば》県を守る東《とう》郡太守の劉延《りゅうえん》を攻撃させました。これは官渡の戦いの前哨戦《ぜんしょうせん》といってよいでしょう。袁紹自身も東郡に踏み込もうとしましたが、曹操軍の動きにまどわされて黎陽にとどまりました。危急をきいた曹操は白馬の西南に位置する延津《えんしん》へ急行し、そこから張遼《ちょうりょう》、関羽を先陣として顔良にいどませました。関羽は厚遇してくれた曹操への返礼のおもいで顔良を斬り、そのあと曹操のもとを去りました。

白馬の救援を終えた曹操は本陣を延津から西南へ移動しようとしましたが、袁紹軍が急速に南下してきたので、南阪《なんはん》に兵をとどめて、ようすを観《み》ました。ちょうどそのとき、白馬から輜重《しちょう》隊がやってきました。謀臣のひとりである荀攸《じゅんゆう》は、

「あれは敵をつる餌《えさ》になります」

と、いいました。袁紹の騎将である文醜が劉備とともに五、六千の騎兵を率いてきましたが、輜重隊を発見したため、分散してしまいました。

「いまだ」

この機をのがさず曹操は敵陣を急襲して、文醜を斬りました。

顔良、文醜という勇将を失った袁紹の心身は怒気《どき》に満ちたことでしょう。官渡へ引き揚げた曹操軍を追うように、陽武《ようぶ》まで軍をすすめました。陽武は官渡のま北にあります。沮

授は、このまま動かず長期の兵糧《ひょうろう》戦をおこなうべきだ、と説きましたが、袁紹は聴かず、陣を前進させました。曹操はその陣を襲撃しましたが、多数の死傷者をだして敗退し、官渡にもどりました。気をよくした袁紹はさらに陣をすすめて、ついに官渡に臨む地まで到ると、土山と地下道を造りました。その土山から曹操の陣営に雨のごとく矢をふらせました。ようやく曹操は石を発射する車（霹靂車《へきれきしゃ》）を用いて、土山に建てられた櫓《やぐら》をことごとく破壊しました。

八月にはじまったこの戦いでは、敵の十分の一の兵力である曹操軍は苦戦つづきで、官渡の陣を許までさげたいと荀彧に書翰《しょかん》で弱音《よわね》を吐いたほどです。曹操をはげました返書のなかで、荀彧はこう述べました。

「まもなく戦況に変化が起こります。これぞ奇計を用いるときです。その機を失ってはなりません」

おどろくべき予見《よけん》力といってよいでしょう。

奇計にかかわったのは、袁紹の謀臣であった許攸です。かれは自分の献策を採用しない袁紹をみかぎって曹操に降り、袁紹軍を墜陥《ついかん》させる策を献じました。

「袁紹軍の輜重は一万余台あり、故市《こし》、烏巣《うそう》に置かれています。それの防備は手薄です。

いま軽鋭《けいえい》の兵によってそれを襲撃して焼き払えば、三日も経たないうちに、袁紹はおのずと敗《やぶ》れるでしょう」

曹操の側近はこの策を怪しみましたが、荀攸と賈詡《かく》は曹操に勧めました。そこで曹操はみずから五千の歩兵と騎兵を率いて、夜中に出発し、夜明けに猛攻を敢行しました。

大量の輜重を失ったと知った袁紹は、曹操のいない本営を攻め落とせば勝つ、といい、張郃《ちょうこう》と高覧《こうらん》に攻撃させましたが、ふたりは袁紹軍の負けをさとって、そのまま降伏してしまいました。このあと袁紹軍は大潰走《かいそう》をはじめます。十月のことです。

袁紹と袁譚はただ一騎となって河水《かすい》を渡りました。袁紹軍の死者は七万余人でした。逃げ遅れた沮授は捕虜となり、のちに脱走したため殺害されました。

赤壁の戦い

曹操《そうそう》×周瑜《しゅうゆ》（孫権《そんけん》）
荊《けい》州江夏《こうか》郡赤壁《せきへき》（烏林《うりん》）

建安《けんあん》十三年（二〇八年）

赤壁の戦いは官渡《かんと》の戦いをうわまわる知名度をもっています。それは、三国志の世界で最重要視される人たちすべてが、この戦いにかかわったからでしょう。

官渡の戦いから八年後の戦いになります。この戦いまで、曹操はなにをしていたのか、整頓《せいとん》してみましょう。

官渡の戦いがあった翌年、すなわち建安六年（二〇一年）に、曹操は、汝南《じょなん》の賊である龔都《きょうと》とともに活動していた劉備《りゅうび》を討伐しました。劉備は逃げて、荊州の劉表《りゅうひょう》に頼ります。劉表を攻めることをあとまわしにした曹操は、建安七年（二〇二年）に、袁紹《えんしょう》の死亡を知って、袁紹の子である袁譚《えんたん》と袁尚《えんしょう》を攻撃しました。戦いはこの年の九月から翌年の二月までつづき、曹操はその兄弟を黎陽《れいよう》において大破しました。

袁譚と袁尚の仲の悪さはみぐるしいといえるほどで、曹操が許《きょ》県に還ると、ふたりは争いはじめ、劣勢の袁譚は曹操と結びました。が、建安九年（二〇四年）に、曹操が袁尚の本拠である冀《き》州魏《ぎ》郡の鄴《ぎょう》を攻めると、袁譚が叛《そむ》いたのですから、その兄弟には節義がみあたりません。建安十年（二〇五年）に袁譚を青《せい》州で破った曹操は、幷《へい》州の高幹《こうかん》と戦い、翌年に討滅しました。北へ北へと逃げた袁熙《えんき》と袁尚の兄弟が、異民族の烏丸《うがん》（烏桓《うがん》）にかくまわれているので、建安十二年（二〇七年）に、烏丸征伐を敢行《かんこう》します。八月に曹操は遼西《りょうせい》郡の柳城《りゅうじょう》県において烏丸を撃破しました。袁熙と袁尚は東へ逃げ、遼東《りょうとう》太守の公《こう》孫康《そんこう》に救いを求めます。しかし公孫康はふたりを保庇《ほひ》するどころか、捕らえて、凍った地面にひきすえました。十一月の遼東ですから寒さは強烈です。ふたりはふるえながら、

「寒くてたまらない。敷物をくれないか」

と、いいました。すると公孫康は、

「なんじらの首はこれから万里のかなたにゆく。敷物は必要あるまい」

と、皮肉をこめていい、ふたりを斬首し、その首を曹操に送りました。

ところで、よけいなことかもしれませんが、この公孫氏の支配地は小さな王国といってよく、日本は公孫氏へ朝貢《ちょうこう》をおこなっていたと想われます。当時の航海術は陸から遠ざかることなく船を航行させるというものですから、日本の船は遼東を無視してすすむことができなかったでしょう。この公孫氏の国が、曹操の孫の曹叡《そうえい》の時代に滅ぼされますので、卑弥呼《ひみこ》の使者がようやく魏の王朝に到ることができたのです。

さて、建安十三年です。

北伐《ほくばつ》を終えて鄴へ帰還した曹操は、玄武池《げんぶち》を作って水軍の訓練をしました。南征の準備にはいったのです。むろんその水軍の訓練は、劉表の荊州を攻略するためです。おそらく荊州の制圧には一年、あるいは二年かかると想定していたでしょう。

この春には、孫権が属将の呂蒙《りょもう》をつかって、劉表軍の支柱というべき黄祖《こうそ》を倒しました。六月に丞相《じょうしょう》となった曹操は、七月に南征の軍を発しました。ところが、八月に劉表が病死しました。九月に、曹操が新野《しんや》に到着すると、劉表の子の劉琮《りゅうそう》は州を挙《あ》げて降伏し、曹操はほとんど戦うことなく荊州を取得したのです。

荊州の民は曹操の政治に慣《な》れていないので、ここは軍をとどめて、州民を撫安《ぶあん》する必要があったでしょう。しかし曹操は政治家であると同時に兵法家であり、孫子《そんし》の兵法にある、
「勢《せい》」
を重視しました。大きな石は平坦な地ではころがりにくいものですが、高所から落とせば、たれも止められず、その破壊力はすさまじくなります。荊州を得たことは、大きな石を高所に置いたようなもので、あとはころがせばよい。その発想のもとに、曹操は軍を呉《ご》へむけることにしました。軍船で江水《こうすい》をくだってゆくのです。

兵力八十万と称する曹操軍を迎え撃つ、と主張した呉の臣は、周瑜と魯粛《ろしゅく》だけであった

ことは、まえに述べました。魯粛は劉表の死を知って弔問《ちょうもん》へゆく途中で、逃走中の劉備に遭遇したのです。魯粛は、呉が天下平定をおこなうためには、どうすればよいかと考えていた人なので、劉備には利用価値があるとみて、呉へ誘ったのです。が、劉備は自身では往かず、諸葛亮《しょかつりょう》を孫権のもとへ遣《や》りました。

抗戦論を善《よ》しとした孫権は刀をぬいて案《つくえ》を斬りつけ、会議に出席した者たちを睨《にら》んで、

「諸将吏《しょうり》のなかで、曹操を迎え入れるべきだと申す者がいれば、こうなのだ」

と、反対意見を封《ふう》じました。このあと、孫権は周瑜とふたりだけで話しあいました。周瑜は、

「曹操軍は八十万と称していますが、中原《ちゅうげん》の兵は十五、六万人にすぎません。しかもかれらは長い征路に疲れはてています。また荊州兵はせいぜい七、八万で、まだ曹操に心服《しんぷく》していません。ゆえに、こちらに五万の精兵がいれば、かれらを防ぎ止められます」

と、述べました。すると孫権は、

「五万の兵を急に集めるのは、むずかしい。が、すでに三万人を選び、兵糧《ひょうろう》と兵器もととのえてある。あなたは魯粛、程普《ていふ》とともに、先鋒としてすぐに出発してほしい」

と、いい、もしも周瑜が失敗すれば、自身が曹操と勝負をつける覚悟をあらわにしまし

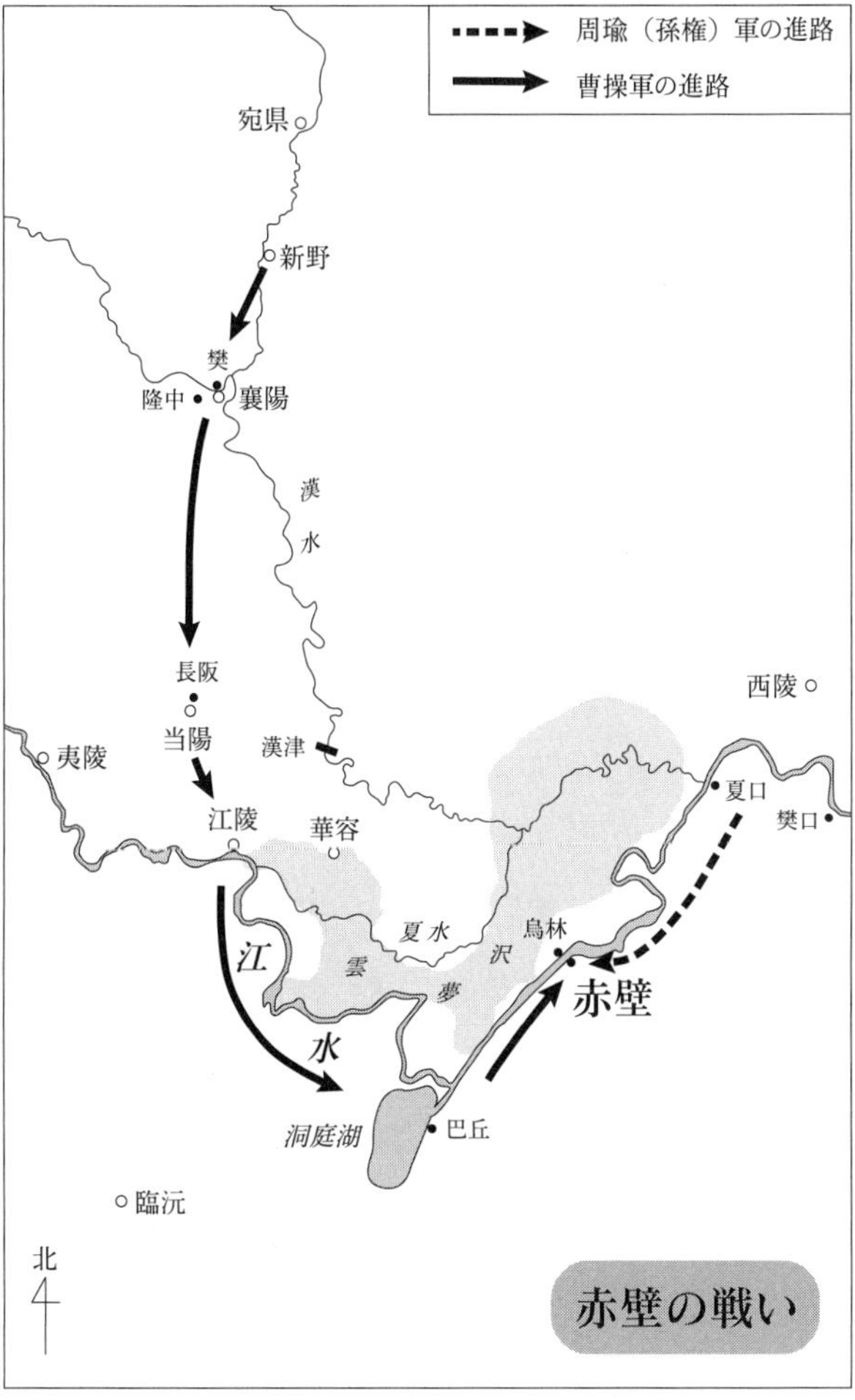
周瑜（孫権）軍の進路
曹操軍の進路
宛県
新野
樊
隆中
襄陽
漢
水
長阪
当陽
夷陵
江陵
華容
漢津
西陵
夏口
樊口
夏
水
烏林
雲
夢
沢
江
水
赤壁
巴丘
洞庭湖
臨沅
北
赤壁の戦い

た。孫権の生涯において、これほど颯爽《さっそう》としていたことは、ほかにありません。

周瑜と程普に率いられた呉の水軍は溯洄《そかい》を開始しました。ちなみに周瑜という人は、性質に圭角《けいかく》がなく、人あたりがよいので、たれからも憎まれなかったのですが、程普とだけは折り合いが悪かったようです。

やがて曹操軍の大船団を発見しました。そこが赤壁の近くです。江水には十月の寒風が吹いています。両軍は交戦しました。両軍の戦いかたの詳細はまったくわかりません。上流にいる船団が有利のようにみえますが、ながれに乗って船を動かすと制御しにくいようで、下流の船団のほうが有利なのかもしれません。とにかく最初の戦いで、曹操軍は敗れ、船団を江水の北岸に寄せました。その北岸域が烏林とよばれ、広大な雲夢沢《うんぼうたく》の東北端に接しています。

曹操は船をおりて、陸上に本営を設けました。

周瑜らは南岸に船団をとどめました。

こうなると、両軍は動きようがありません。

——日が経《た》つほど、わが軍は不利になるだけだ。

と、愁《うれ》えていたのは、周瑜の属将の黄蓋《こうがい》です。かれは荊州零陵《れいりょう》郡の泉陵《せんりょう》県の出身です。

幼いころに父を喪《うしな》い、若いころに辛酸《しんさん》を嘗《な》めました。しかし大志《たいし》をもち、薪《たきぎ》を集めるときは、ひまをみつけて上表文の書きかたを独習し、兵法を研究しました。零陵郡の北隣の長沙郡《ちょうさ》の太守になった孫堅《そんけん》が挙兵したことが、黄蓋にとってあらたな道を啓《ひら》いてくれることになりました。黄蓋は孫堅軍に加わり、孫堅が戦死したあとは孫策《そんさく》に従い、孫策の横死後には、孫権に仕えました。

この忠臣にほかならない黄蓋が、周瑜にむかって、

「わたしに考えがあります」

と、献策をおこないました。曹操軍の軍船は、船首と船尾がつながれているので、それに火をかければ燃えひろがって全滅する、というのです。焼き打ちをかける船を敵の軍船に近づけるためには、敵に投降するふりをする必要があり、黄蓋は周瑜のゆるしを得て、密使を立てて曹操に書翰《しょかん》を送りました。この裏切りを曹操が信じたところに、曹操軍の敗北があったでしょう。

強い風が吹く日です。黄蓋は曹操軍の船団に近づくと、焼き打ちのための船を切り離し、火を放ちました。数十艘《そう》の船は火焔《かえん》を吐きながら、冬にはめずらしい東南の強風に推《お》されるかたちで、曹操軍の船に矢のように衝突《しょうとつ》しました。またたくまに延焼《えんしょう》がはじまり、その

火が岸辺の軍営におよぶころ、周瑜は軽装の精兵を率いて攻撃をかけました。周瑜は大勝し、曹操は大敗しましたが、劉備はどうしたのでしょうか。正史の注である『江表伝《こうひょうでん》』には、劉備は周瑜に会って、かれが傑物であるとわかったものの、周瑜が曹操軍を破るとは信じられず、戦場の後方にいて、二千の兵および関羽《かんう》、張飛《ちょうひ》とともに動かず、周瑜にかかわらなかった、とあります。

魯粛とちがって周瑜は劉備に好感をいだいておらず、劉備の二千程度の兵力を呉軍のために使う気もなかったでしょう。

「豫《よ》州（劉備）どのには、ただ、われが曹操を破るのを観《み》ておられればよい」

両者の会見の際に、周瑜はそう大言しました。劉備の力を借りたといわれれば、名折《なお》れになる。そういう気概《きがい》に満ちた発言です。

奇襲の発案者である黄蓋は、攻撃中に流れ矢にあたり、寒中の水に落ちました。が、呉軍の兵に救いあげられました。かれは偏《へん》将軍まで昇進することになりますが、その功を絶大であると考えた孫権は、皇帝の位に即《つ》くと、黄蓋の子の黄柄《こうへい》に関内《かんだい》侯の爵位をさずけました。また黄蓋の肖像《しょうぞう》を画《か》かせ、季節ごとに祭りました。

さて、負けた曹操には、

——疫病《えきびょう》さえなかったら……。

というくやしさがあったようです。どうやら戦場に到るまでに、疫病によって多くの人と船を失ったようなのです。疫病の蔓延《まんえん》をふせぐためには、船を焼くしかないのです。兵が疫病におびえていては、まともな水戦はできなかったでしょう。赤壁の戦いでは、曹操軍はほとんど応戦していませんから、有名になったわりには、内容のとぼしい戦いです。周瑜の勇気と黄蓋の奇智《きち》だけが光輝《こうき》を放っています。

夷陵の戦い

劉備《りゅうび》×陸遜《りくそん》（孫権《そんけん》）
荊《けい》州南《なん》郡夷陵《いりょう》
黄初《こうしょ》三年（二二二年）
〈魏《ぎ》の黄初三年は蜀《しょく》の章武《しょうぶ》二年、呉《ご》の黄武《こうぶ》元年にあたる〉

関羽《かんう》の死を知った劉備の悲しみと怒りの大きさはどれほどであったでしょうか。

――なぜ関羽は死ぬようなことになったか。

すでに漢中王《かんちゅうおう》の位に即《つ》いていた劉備は側近などをつかって、調べさせたでしょう。関羽に従っていて戦死をまぬかれた兵士や統治下の城にいて呉軍の支配を嫌って、益《えき》州まで逃げてきた者などがいたでしょうから、詳細はあきらかになったはずです。

まずわかったことは、関羽の不在の城に忍び込むような狡猾《こうかつ》な策を呉の呂蒙《りょもう》が立て、それを孫権が推進《すいしん》したということです。

――あの主従は宥《ゆる》せぬ。

もともと孫権が嫌いな劉備は憎悪《ぞうお》を燃やしたでしょう。

北伐《ほくばつ》を敢行《かんこう》した関羽が本拠である南郡を空《あ》けたとはいえ、留守《りゅうしゅ》の将を残したはずです。南郡太守は麋芳《びほう》です。麋芳は麋竺《びじく》の弟です。

――麋芳はまんまと呂蒙に騙《だま》されたのか。

南郡の兵が呉軍と戦ったとはきこえてこなかったので、劉備はそう想いました。が、実情はちがいました。麋芳は一戦もせずに呉軍に降ったのです。

「あの麋芳が……」

報告をきいた劉備は自分の耳を疑ったでしょう。糜竺と糜芳という兄弟は、劉備が徐《じょ》州にいて、呂布《りょふ》によって苦境に立たされたとき、懸命に援助してくれたのです。それ以来の臣下ですから、紐帯《ちゅうたい》の強さはほかの臣よりはるかにまさります。

弟の叛逆を知った糜竺は、みずから後《うし》ろ手《で》に縛《しば》って参内《さんだい》し、処罰《しょばつ》を乞《こ》いました。糜竺の忠誠の篤《あつ》さを身にしみて知っている劉備は、手《て》ずから縄を解いていたわり、

「なんじの妻子、親戚にも、罪は及ばぬ。いままで通り仕えてくれ」

と、ねんごろに声をかけたのです。が、糜竺は弟の裏切りがゆるせず、恥《はじ》と怒りのために発病し、一年余ののちに死去しました。

――糜芳は、利に釣《つ》られる男ではないが……。

劉備はそこにひっかかりをおぼえました。実際のところ、糜芳は関羽との折り合いが悪く、つねに自分に軽蔑《けいべつ》の目をむける関羽とその遠征軍を全力で援助する気になれませんでした。それを職務の荒怠《こうたい》とみなされて、

「帰ったら始末《しまつ》しなければならない」

と、陣中の関羽がいったという伝聞《でんぶん》を耳にした糜芳は、呉に降る決意をしたのです。関羽は上司としてむずかしい面をもっていた人であることはたしかです。

関羽軍は北上して、魏の曹仁《そうじん》が守る樊《はん》城を包囲したことはわかっています。そのあと、劉封《りゅうほう》と孟達《もうたつ》に、援助してくれ、となんども要請《ようせい》したというのです。

劉封は劉備の養子です。

劉備が荊州にはいったとき、自分には後継《あとつ》ぎがいないとおもい、長沙《ちょうさ》の劉氏の甥《おい》を養子として迎えたのです。劉封は諸葛亮《しょかつりょう》と張飛《ちょうひ》が益州にむかったときに同伴し、副軍中郎将《ふくぐんちゅうろうしょう》に任命されました。

孟達は、もとは劉璋《りゅうしょう》の臣下で、法正《ほうせい》の副使となって益州にはいる劉備を迎えました。ちなみに孟達と法正はともに右扶《ゆうふ》風《ふう》の出身で、建安《けんあん》のはじめの飢饉《ききん》をのがれ、そろって蜀へ往《ゆ》き、劉璋に仕えたのです。益州が劉備によって平定されたあと、宜都《ぎと》太守に任命されました。その後、漢中郡東部の上庸《じょうよう》の鎮定《ちんてい》にむかいますが、劉備は孟達ひとりではこころもとないとおもい、劉封を上官としてさしむけました。この漢中郡の東部は荊州の南郡と南《なん》陽《よう》郡に接しているので、関羽は樊城から南下せず、西行《せいこう》すれば、漢中郡にはいることができたのです。ということは、劉封と孟達は関羽から遠くないところにいたことはたしかです。ところがふたりは、漢中郡東部の鎮定を終えたばかりなので、動くと民に動揺を与えるといい、関羽の要請に応じませんでした。

「横着者めが――」

劉備の怒りはすさまじかったでしょう。才覚のある孟達は、やがて劉備の怒りが自分にむけられることを察して、蜀を離れ、魏に属《つ》きました。劉封は劉備の養子ですから、自分のいいわけが通ると楽観していましたが、そうはいかず、劉備に誅殺《ちゅうさつ》されました。劉備は自分の子よりも関羽を愛していたといってよいでしょう。

かつて劉備は、敗戦となれば平気で妻子を棄《す》ててきた人です。所有することにまったくこだわりをもたないので、物欲はなく、名誉欲もなかったでしょう。関羽、張飛との友情という、目にみえないものを至上《しじょう》としていたふしがあります。関羽が死んだあと、その友情がどれほどのものであったのかを、天下にむかって表現したくなったのでしょう、呉を攻めて呂蒙と孫権の首を獲《と》る、と決意しました。それは、うらがえせば、おのれのいのちを棄てる、ということになり、いっさいを所有しない劉備の思想は完遂《かんすい》のかたちをとったといえます。

ちなみに呂蒙は関羽の死後ほどなく病死しました。

――天罰だ。

と、劉備はおもったでしょう。

関羽が敗死した年から二年後の黄初二年（二二一年）に、劉備は皇帝となりました。四月のことです。おなじ月に、蜀は魏の元号を棄てて、独自の元号である章武をつかいはじめます。それからふた月後の六月に、呉を攻める意《い》をあきらかにしました。出陣の支度《したく》にはいった張飛が部下に殺されたのも、この月です。

七月に、劉備は諸軍を統率して呉の討伐にむかいました。恐れた孫権は書翰《しょかん》を送って和《わ》睦《ぼく》を乞いましたが、関羽がよみがえらないかぎり、劉備がゆるすはずはありません。

劉備軍は江水《こうすい》にそってくだってゆきます。

益州をでて南郡にはいると、巫《ふ》、秭帰《しき》といった県が江水に臨《のぞ》んでいます。陸遜、李異《りい》、劉阿《りゅうあ》という将がそれらの県を守っています。劉備軍の指麾をまかされた呉班《ごはん》と馮習《ふうしゅう》は、巫を抜き、秭帰を取りました。そこで劉備の主力軍は秭帰に駐屯しました。

蜀軍の南郡侵入を知った孫権は、陸遜を大都《だいと》督《とく》に任命し、朱然《しゅぜん》、潘璋《はんしょう》、宋謙《そうけん》、韓当《かんとう》、徐盛《じょせい》、鮮于《せんう》丹《たん》、孫桓《そんかん》ら五万の将卒《しょうそつ》を指麾させて、劉備の進出をくいとめようとしました。

呉班が数千人という隊を率いて平原地帯にでてきたとき、呉の諸将は、すぐに応戦しましょう、といきりたちました。しかし陸遜は、

「いや、敵には策略がある」

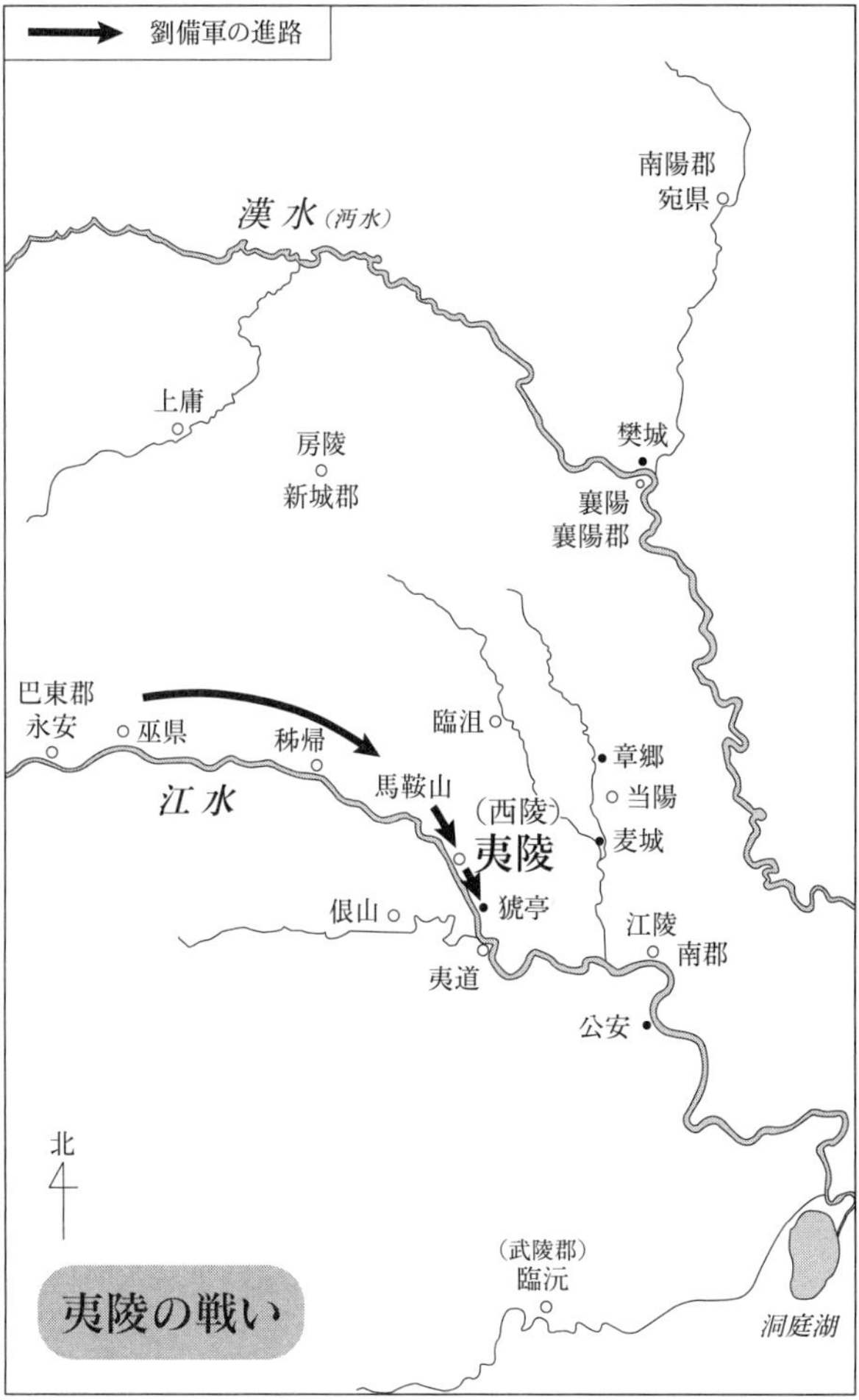

劉備軍の進路
南陽郡
宛県
漢 水（沔水）
上庸
房陵
新城郡
樊城
襄陽
襄陽郡
巴東郡
永安
巫県
秭帰
臨沮
章郷
当陽
江 水
馬鞍山
（西陵）
夷陵
麦城
猇亭
佷山
江陵
南郡
夷道
公安
北
（武陵郡）
臨沅
洞庭湖
夷陵の戦い

と、いい、蜀軍の動きを見守ることにしました。はたして劉備は伏兵を設けていたのです。

陸遜はもとの氏名を陸議《りくぎ》といい、呉郡の呉県の出身です。二十歳をすぎて孫権に仕えました。治めるのにむずかしい不服従の民を手なずけた手腕を買った孫権は、陸遜に孫策《そんさく》の女《むすめ》を妻として与えました。孫権の謀臣となった陸遜はあちこちのむずかしい鎮圧をやってのけ、呂蒙とともに関羽を討ち、右護《ゆうご》軍《ぐん》・鎮西《ちんせい》将軍に昇ったのです。

呉軍が迎撃《げいげき》の陣を布《し》かないと知った劉備は八千の兵を率いてさらに進出しました。江水ぞいの要地は、秭帰のつぎは夷陵です。夷陵は水上交通の要地ですが、陸上交通にとっても重要な地点で、そこから陸地を東へすすめば当陽《とうよう》県に到ります。劉備は荊州にはくわしいのです。

夷陵を取った劉備は、軍需物資が夷陵までとどくように、中継の営所を築きました。その数について、正史には、

「数十屯《とん》」

と、記《しる》されています。屯は、屯営《とんえい》のことです。すなわち屯営が益州の端から南郡の夷陵までつらなるようにあったと想えばよいでしょう。

翌年の正月に、劉備は兵を率いて秭帰にもどりました。呉班、陳式《ちんしょく》という将が夷陵にとどまり、水軍を指麾します。劉備は二月に諸将を率いて陸の険路をすすみ、夷陵よりさきにある夷道《いどう》県の猇亭《こうてい》に到りました。そこがいわゆる橋頭堡《きょうとうほ》です。最前線に軍事基地を築くことを、皇帝である劉備自身がおこなったことにすごみがありますが、危険も大きかったといえます。

そういう劉備の戦略を静観していた陸遜は、

「もはや敵の策は尽きた」

と、いい、六月に猇亭を強烈に攻めて大破します。馮習、張南《ちょうなん》といった蜀将は戦歿しました。夷陵にむかって退いた劉備は、馬鞍《ばあん》山に登り、兵を配しました。陸遜は諸軍を叱咤《しった》して四方から猛攻をおこない、蜀軍の陣営を四分《ぶん》五裂《れつ》させました。ついに劉備は夜陰《やいん》にまぎれて逃走しましたが、戦死者の数は数万にのぼったのです。秭帰にたどりついた劉備は、四散した兵を収容し、船を棄てて陸路をつかい、巫県の西の魚復《ぎょふく》県に帰りました。魚復県は益州の内です。魚復はこのあと永安《えいあん》（白帝《はくてい》城）と改名されます。

江水ぞいに築いた屯営は呉軍の火攻《かこう》にさらされて全滅しました。劉備はこの大敗をふりかえって、

「われが陸遜ごときにはずかしめられたのは、天のご意向であろうか」

と、いいました。

最初いきりたっていた呉の諸将に、満《まん》を持《じ》するように、と冷静にさとして大勝利を得た陸遜は、輔国《ほこく》将軍を加えられて荊州牧《ぼく》の職務にあたらされ、江陵《こうりょう》侯に改封《かいほう》されました。しかしながら、のちに不幸な死にかたをしなければならなかったことを想うと、関羽を討った者は祟《たた》られるのか、とよけいなことを考えさせられます。敵将にも敬意をもつべきでしょう。

五丈原の戦い

諸葛亮《しょかつりょう》×司馬懿《しばい》（曹叡《そうえい》）
雍《よう》州扶《ふ》風《ふう》郡五丈原《ごじょうげん》
青竜《せいりゅう》二年（二三四年）
〈魏《ぎ》の青竜二年は蜀《しょく》の建興《けんこう》十二年にあたる〉

後漢《ごかん》の時代に西方は涼《りょう》州とよばれていました。魏の時代になると、それは雍州と改称され、所属する郡の数と郡名も変わりました。ただし蜀の王朝は後漢王朝を継続するたてまえなので、改称された雍州を認めず、あいかわらず涼州と呼称《こしょう》していたでしょう。郡名も旧名をつかっていたのではないでしょうか。

蜀の丞相《じょうしょう》の諸葛亮は、五回、魏を攻めました。攻め込んだのは、毎回雍州ですが、そのつど涼州の名を添付《てんぷ》するのはわずらわしいので、州名にかぎらず郡名も魏の呼称に従います。

雍州にあるすべての郡の名を記《しる》すのはやめますが、諸葛亮の北伐《ほくばつ》に関係のある郡を西からならべてみます。地図がなくても、それだけでも想像しやすいでしょう。

隴西《ろうせい》郡（郡知《ぐんち》は襄武《じょうぶ》）
南安《なんあん》郡（〃　獂道《かんどう》）
天水《てんすい》郡（〃　冀《き》県）
広魏《こうぎ》郡（〃　臨渭《りんい》）
安定《あんてい》郡（〃　臨涇《りんけい》）

扶風郡（〃　槐里《かいり》）
京兆《けいちょう》郡（〃　長安《ちょうあん》）

知には、つかさどる、おさめる、という意味があります。州の長官を知事、県の長官を知県ともいいます。右の郡知は、郡府の所在地と解《かい》してくれればよいです。

さて、諸葛亮の北伐については、いろいろなところでふれてきたので、くどくならないように整理してみます。

まず、益《えき》州をでて雍州に侵入する道が五つあるので、それを列記してみます。長安に近い東から、

子午道《しごどう》（子午谷《しごこく》を通る）
儻駱道《とうらくどう》（駱谷《らくこく》を通る）
褒斜道《ほうやどう》（斜谷《やこく》を通る）
故道《こどう》（陽関大道《ようかんたいどう》）
関山道《かんざんどう》（祁山道《きざんどう》）

となります。第一次の北伐は魏の太和《たいわ》二年、蜀の建興六年（二二八年）ですが、前年に諸葛亮は出陣にあたって、皇帝への忠誠心をあきらかにし、さらにこの遠征の意義と目的

を上疏《じょうそ》しました。のちに「前出師表《ぜんすいしのひょう》」とよばれるのがそれです。しかしながら、漢中《かんちゅう》に半年以上とどまっていて、祁山にむかったのが正月ですから、国内での駐屯が長すぎたといえるでしょう。魏は西方で叛乱が起こった場合にかならず長安を策源《さくげん》地として鎮圧軍を派遣します。その長安からもっとも遠い道をえらんで雍州に侵入するという安全な図を画《か》いたのは、馬謖《ばしょく》でしょう。出撃まえにいろいろと策を弄《ろう》したのも馬謖で、諸葛亮は馬謖の軍事能力を高く買いすぎて、街亭《がいてい》に陣どらせ、大失敗をしました。帰還した諸葛亮は馬謖を死刑に処しました。

　第二次の北伐は、おなじ年の十二月におこなわれました。この遠征はあらかじめ決めたことではありません。この年の八月に、魏の将帥《しょうすい》である曹休《そうきゅう》が呉《ご》将の裏切りを信じて、大軍を呉の深部まですすめようとしたところ、待ち構えていた陸遜《りくそん》にたたかれて、惨敗しました。呉からとどけられた捷報《しょうほう》に応ずるかたちで諸葛亮は出陣を決意しました。ふたたび上疏しました。それが「後《こう》出師表」です。

　諸葛亮がえらんだ道は、故道です。散関《さんかん》を通って扶風郡にはいり、渭《い》水《すい》のほとりにある陳倉《ちんそう》を急襲しました。が、これは敵将の曹真《そうしん》に読まれていて、陳倉の防備は万全であり、蜀軍は攻めあぐね、兵糧《ひょうろう》が尽きたので撤退しました。

第三次の北伐は、魏の太和三年、蜀の建興七年（二二九年）におこなわれました。諸葛亮は陳式《ちんしょく》を派遣して武都《ぶと》と陰平《いんぺい》を攻撃し、二郡を平定しました。武都郡は、旧《もと》の涼州に属していましたから、魏の支配地といってよく、それを蜀が奪ったのです。陰平郡は武都郡の西隣の郡です。二郡を得て蜀の版図《はんと》は西北に広がりをみせました。このとき雍州刺史《しし》は郭淮《かくわい》であり、諸葛亮はみずから出撃して、益州の北端に位置する建威《けんい》までゆき、魏軍を退却させました。この遠征は成功です。

第四次の北伐があったのは、魏の太和五年、蜀の建興九年（二三一年）です。

諸葛亮は関山道を通って祁山に出撃しました。魏の将帥は司馬懿《しばい》です。蜀軍は諸葛亮が発明した木牛《もくぎゅう》をつかって輸送をおこないました。もともと諸葛亮は軍事にくわしくなく、もしも馬謖が燕《えん》の楽毅《がっき》、秦《しん》の白起《はくき》のようなすぐれた将軍であれば、軍事を馬謖にまかせて、諸葛亮自身は内政に専念できたでしょう。しかし国内の将の才能を比定《ひてい》してみて、蜀軍の主力は自分が率いるしかないと判断したのでしょう。そういう判断のもとに、本気になって兵法を研究したとおもわれます。この第四次の遠征の際には、兵を手足のごとくつかえるようになっていたでしょう。

祁山をすぎ、西《せい》県をすぎると、渭水に到ります。渭水のほとりにある重要な県は上邽《じょうけい》です。その上邽に到った諸葛亮の軍は、司馬懿の軍と対峙《たいじ》します。諸葛亮は敵兵を挑発《ちょうはつ》しますが、司馬懿は自軍の兵の軽挙をいましめ、その挑発には乗りません。このとき司馬懿は大将軍であり、いくつかの戦場を踏み、叛《そむ》こうとした孟達《もうたつ》をすばやく討滅《とうめつ》していますから、凡庸《ぼんよう》な将軍ではないのです。しかし諸葛亮の陣を遠望して、

――むずかしい敵だ。

と、感じたがゆえに、堅《かた》く守って、戦わない姿勢をつらぬいたのです。兵糧が尽きて蜀軍は撤退を開始しました。司馬懿の属将たちは去ってゆく蜀軍を追いかけたくてたまらず、ついに司馬懿も属将たちのいらだちをおさえられず、祁山の近くまですすみました。司馬懿は猛将である張郃《ちょうこう》に追撃させました。それを知った諸葛亮はすばやく兵を返して邀撃《ようげき》し、張郃を射殺しました。司馬懿は軍事において過誤《かご》をおかさない人なので、この失敗はめずらしいといえます。

帰還した諸葛亮は兵士を休養させました。漢中郡の沔陽《べんよう》に近い黄沙《こうさ》において農耕につとめ、木牛のほかに流馬《りゅうば》を完成し、兵士を教練し、演習をおこないました。諸葛亮も敵の将帥の器量の大きさを知り、その難敵に勝つために、充分に訓練をしたということです。魏の青竜元年、蜀の建興十一年（二三三年）の冬に、諸葛亮は諸軍に米を運搬させて、斜谷

に集め、邸閣《ていかく》（貯蔵所）を造ってそこにおさめさせました。つぎの戦いが長期戦になっても、退かない、という諸葛亮の決意がそこにあらわれています。

翌年、万全の準備を終えた諸葛亮は、二月に斜谷より出撃します。これが第五次の北伐です。

渭水にむかって武功水《ぶこうすい》という川がながれています。その川が渭水にながれこむあたりの西岸に五丈原があり、諸葛亮はそこに本営を設けました。それに対する司馬懿の陣も、渭水の南にあります。

五丈原は東に武功水、北に渭水がながれているので、防衛には適した地です。諸葛亮がそこに布陣《ふじん》したということは、魏軍との決戦を望んでいたにしては安全策をとったようにみえます。しかし前回の戦いで、司馬懿が手堅《てがた》い戦法に徹《てっ》したことを知っているので、短期戦にはならない、と諸葛亮は予想し、五丈原を選んだのでしょう。

諸葛亮はためしに武功水の対岸まで隊を進出させて、魏軍を誘いました。が、魏軍は動きません。諸葛亮に嘱目《しょくもく》されている姜維《きょうい》が本営にきて、

「司馬懿は上表《じょうひょう》をおこなってわが軍と戦うことを請うたようですが、魏帝は衛尉《えいい》の辛毗《しんぴ》に節《せっ》をもたせて軍につかわし、出撃を抑《おさ》えたそうです。むこうの出撃はないでしょう」

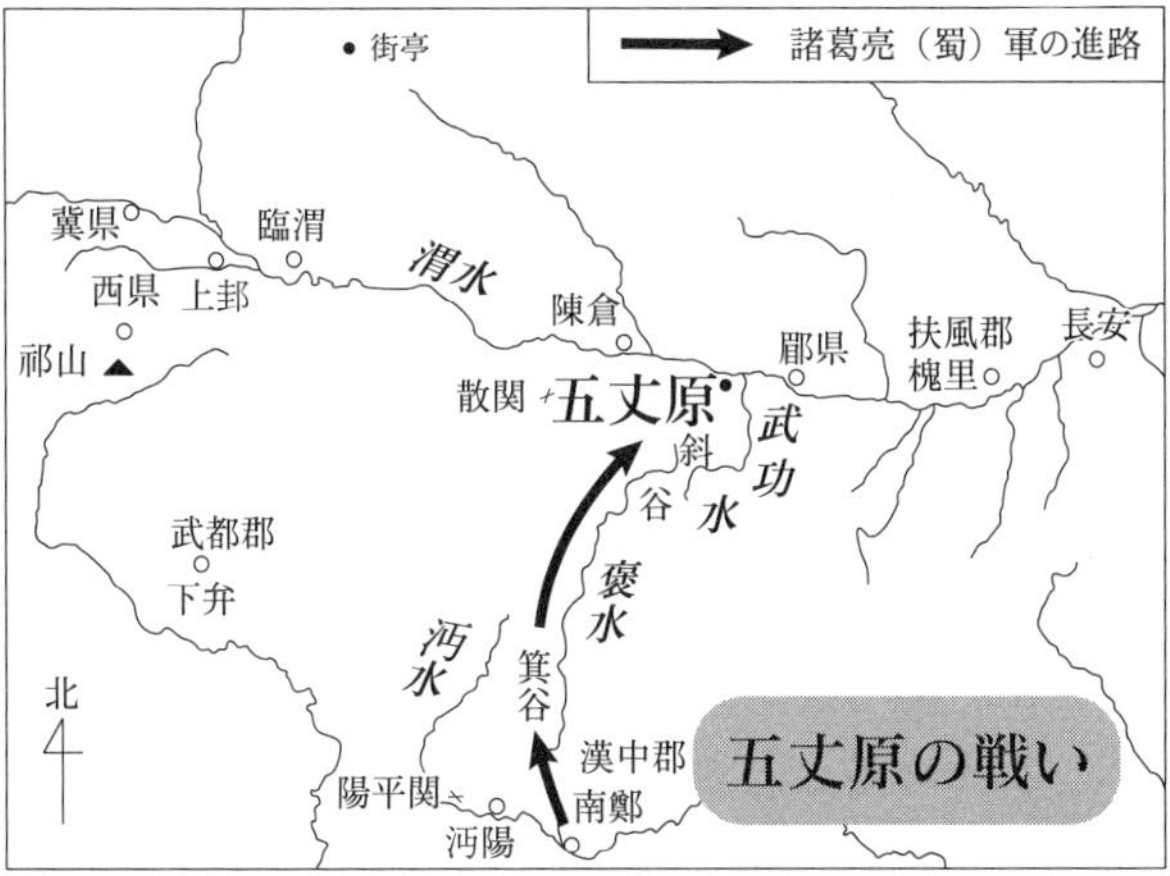

と、報告しました。諸葛亮は微《かす》かに苦笑しました。

「司馬懿にはもともと戦う気がない。上表をおこなったとすれば、諸将へ闘志をみせるためだ。将軍が軍中にいれば、いちいち君主の命令に従わなくてもよい。もしも司馬懿がわが軍を制圧できるとおもったら、千里のかなたへ戦闘の許しを請うであろうか」

司馬懿ほどの名将が、諸葛亮の軍を相手に、手も足もでなかったといってよいでしょう。

やがて両将は使者を往復させるようになりました。あるとき司馬懿は諸葛亮の使者に、諸葛亮の睡眠時間、食事の量、政務の多忙さについて問いました。使者はこう答えました。

「諸葛公は、朝は早く起きて、夜は遅く眠ります。笞打《むちう》ち二十以上の罰は、すべてご自身で裁定《さいてい》なさいます。お食事の量は数升《しょう》（二、三合《ごう》）に至《いた》りません」

すなわち諸葛亮は戦陣にいながら、蜀の丞相としての政務をこなし、軽犯罪への刑罰をも決めるという激務をおこなっていたのです。それをきいた司馬懿は使者がかえったあと、

「諸葛亮はまもなく死ぬであろう」

と、左右にいいました。

諸葛亮の死を予告するかのように、星が蜀の陣営に墜《お》ちました。八月に、諸葛亮は病に倒れ、軍中で死去しました。

諸葛亮の謀臣である楊儀《ようぎ》が、その死を秘匿《ひとく》し、軍を引き揚げさせました。

訃報《ふほう》に接した劉禅《りゅうぜん》は大いに嘆き、詔《しょう》をくだして、諸葛亮の功績をたたえました。

「思うに君は文武の才能を体現し、明達《めいたつ》であり、忠誠の心が篤《あつ》かった。先帝から託された孤児を受け、わが躬《み》を匡《ただ》し、輔佐《ほさ》してくれた。絶えた家を継ぎ、衰えた国を興《おこ》してくれた。君の志《こころざし》は、乱を鎮めることにあった（後略）」

諸葛亮は国の全権をにぎっていながら、いささかも驕《おご》らず、まったく邪心《じゃしん》をみせませんでした。こういう宰相《さいしょう》は中国史上で稀有《けう》といってよいでしょう。三国志の世界は権謀術数《けんぼうじゅっすう》

の世界であるといいかえてよく、そのなかにあって諸葛亮の存在は、特に清らかですがすがしいものです。それを後世につたえてくれる歴史とは、ありがたいものではありませんか。

第五章　三国志のことば

三国志の世界には名言と名句がちりばめられています。それらを択《えら》び採《と》ってみますが、劉備《りゅうび》と諸葛亮《しょかつりょう》にかかわるものが多いことに気づかされます。最初から強い者は工夫《くふう》して生きてゆく必要がないので、人生に綾《あや》や陰翳《いんえい》が生じにくく、人の胸を打つことばも産《う》まれないということでしょう。

髀《ひ》肉《にく》の嘆《たん》

（髀裏《ひり》に肉生《にくしょう》ず――「先主《せんしゅ》伝」注「九州春秋」）

正史『三国志』の「先主伝」は劉備《りゅうび》伝のことです。曹操《そうそう》は官渡《かんと》の戦いで袁紹《えんしょう》に大勝したあと、袁紹のために後方攪乱《かくらん》をおこなっていた劉備を討伐しようとしました。恐れた劉備は麋竺《びじく》と孫乾《そんけん》を荊《けい》州の劉表《りゅうひょう》のもとへ遣《や》って意向をさぐらせます。劉表が歓迎してくれると知った劉備は荊州にはいりました。

劉表は劉備を厚遇しましたが、あまりに評判のよい劉備に警戒心をいだき、外にだして曹操軍にあたらせました。劉備が布陣したのは南陽《なんよう》郡の北部の博望《はくぼう》です。南下してきたのは夏侯惇《かこうとん》と于禁《うきん》らの軍です。曹操の属将などには恐れない劉備はしばらく対峙《たいじ》していましたが、急に自陣に火を放って退却しました。夏侯惇と于禁は追撃しました。が、これは劉備の策で、わざと退却して敵軍を追わせ、あらかじめ配した伏兵によって敵軍を大破しました。

　荊州にいて戦陣に臨んだのは、それくらいで、戦いのない歳月をすごしました。あるとき劉表に招かれた宴会のさなか、席を立って厠《かわや》に行ったところ、髀《もも》の裏に肉がついていることに気づき、慨然《がいぜん》と涙をながしました。

　席にもどった劉備のようすを怪しんだ劉表がわけをたずねました。すると劉備はこう答えました。

「わたしは自分の身を馬の鞍《くら》から離したことはなく、髀肉がついたことなどなかったのです。しかし今は馬に騎《の》らないので、髀の裏に肉がつきました。月日が経《た》つのは走るように速く、まもなく老いが至ろうとしているのに、功業《こうぎょう》は建《た》っていません。それを悲しんでいるのです」

　馬上で活躍できない自分を嘆き、志を果たせない現状を愁えたことばです。

三顧《さんこ》の礼《れい》

（三たび臣《われ》を草盧《そうろ》の中に顧《かえり》みる――「諸葛亮《しよかつりよう》伝」「出師表《すいしのひよう》」）

荊《けい》州に滞在《たいざい》した劉備《りゆうび》は、新野《しんや》県に駐屯《ちゆうとん》することを劉表《りゆうひよう》から許されました。その時点で、かつて風雲に乗じて簇々《そうそう》と起《た》った群雄はほとんど滅び、生き残っている英雄はわずかしかいません。とくに劉備は曹操《そうそう》にさからうことが多かったのに、死ななかったという事実は驚異的といってよく、曹操嫌いの人が多い荊州では好感を寄せられました。劉備のもとにいろいろな才能が集まったと想ってよいでしょう。そのなかのひとりが徐庶《じよしよ》です。徐庶は劉備に尊重されましたが、自分よりすぐれた者がいることを劉備に語《つ》げます。

「諸葛孔明《しよかつこうめい》という者は、臥竜《がりよう》です」

と、徐庶はいい、隆中《りゆうちゆう》にいる諸葛亮に会いにゆくことを勧《すす》めました。竜《りゆう》（龍）は、りょうという音が漢音《かんおん》（長安《ちようあん》のあたりでつかわれていた音）なので、発音としてはそれが正しいのです。りゅうという発音は慣用音《かんようおん》とよばれ、日本でつかいならされた音ですが、あながちまちがいとはいえません。臥竜は、まだ時機がこないので天に昇らず臥《ね》ている竜です。

劉備は徐庶に同伴してくれるようにたのみます。しかし徐庶はやんわりとことわり、劉備が独《ひと》りで、しかも腰を低くして訪問するように、といいます。余人をまじえて話しあうと、本意をうちあけにくくなります。無益な対談にならないように、徐庶は気づかったのです。

なお徐庶はこのあと劉備のもとを去り曹操に仕えます。魏《ぎ》において徐庶は右中郎将《ゆうちゆうろうしょう》・御史中丞《ぎょしちゆうじょう》まで昇ります。徐庶の親友である諸葛亮はのちに徐庶の消息を知って、

「魏はとりわけ人物が多いのだろうか。かれがその程度にしか用いられぬとは」

と、慨嘆《がいたん》します。しかしながら御史中丞は弾劾《だんがい》をつかさどる御史台の長官ですから、徐庶は魏にあって冷遇《れいぐう》されたわけでもないでしょう。

劉備は関羽《かんう》と張飛《ちょうひ》を従えて隆中へ往きました。隆中は新野からみて西南にあります。が、すぐには面会できず、三度目にようやく会えました。

それについて正史の原文は、

先主、遂《つい》に亮に詣《いた》り、凡《およ》そ三たび往《ゆ》きて、乃《すなわ》ち見る。

となっていて、三往《さんおう》とあっても三顧《さんこ》となっていません。三顧という語があらわれているのは、「出師表」です。「出師表」についてはまたあとで書きますが、顧は、いつくしむ、ということでしょう。したがって三顧の礼は、至上のいつくしみをもった礼、となります。

水魚《すいぎょ》の交《まじ》わり

（孤《われ》の孔明《こうめい》有《あ》るは、なお魚の水有るがごときなり――「諸葛亮《しょかつりょう》伝」）

諸葛亮が劉備《りゅうび》を草廬《そうろ》のなかに迎え入れるまでには、時間が必要だったでしょう。劉備がなんのために訪ねてきたのか、わかりすぎるほどわかっている諸葛亮は、熟考《じゅっこう》に熟考をかさねたにちがいありません。

ところで、ひとつ疑問があります。

劉備の訪問をうけた諸葛亮は二十七歳です。それ以前に学友からは臥竜《がりょう》とよばれていたのですから、諸葛亮はまったくの無名の隠士《いんし》であったわけではありますまい。しかも住居のある隆中《りゅうちゅう》は、劉表《りゅうひょう》の本拠である襄陽《じょうよう》から遠くはありません。では、なぜ、劉表の重臣あるいは側近は、諸葛亮を推挙して、劉表に仕えさせなかったのでしょうか。「諸葛亮伝」のなかには、劉表に辟《まね》かれた、という一文はみあたりません。ただし徐庶《じょしょ》が劉備にむかって、

「此《こ》の人は就《ゆ》きて見る可《べ》きも、屈《くつ》し到《いた》す可からざるなり」

と、いっているところをみると、劉表あるいは大臣が、諸葛亮に使者を遣《や》って、襄陽にきなさい、といったところ、諸葛亮がことわったことがあるのではないかと推察できます。就《しゅう》という語は、なる、つく、と訓《よ》みますが、おもむく、ゆく、という意味もありますので、

「ご自身で往けば面会できますが、こちらに来させることはできません」

と、徐庶はいったことになります。

この忠告に従って、多くの従者も従えずに会いにきた劉備に、諸葛亮が好感をもたぬはずはありません。三度目の訪問で、

――われは劉備に仕える。

と、諸葛亮は決めたのです。劉備にだけ語った構想は、天下三分の計をふくみ、

「隆中対《りゅうちゅうたい》」

と、よばれます。実際のところ、諸葛亮が語ったのは、天下平定の構想で、天下を三つ

に分けてそのひとつを取ればよい、というものではありません。とにかく諸葛亮は劉備に仕えると決めたかぎり、隆中の草廬をすみやかにあとにして、新野《しんや》に徙《うつ》りました。

劉備は諸葛亮と語りあうことを喜び、その交情は日に日に密接になりました。このときまで劉備の側《そば》からはなれたことがない関羽《かんう》と張飛《ちょうひ》はそれを横目でみて、おもしろくありません。そのふたりだけでなく、近臣の不快げな顔に気づいた劉備は、弁解して、

「われに孔明がいるのは、魚にとってどうしても水が要るようなものなのだ」

と、いいました。さらに劉備は、

「どうか、諸君、ふたたび不平や不満をいわないでくれ」

と、たのみました。

関羽と張飛は劉備の心情を理解して、いやな顔をすることをやめました。とにかく、水魚の交わり、とは、密接な交際、濃密な友情などをいいますが、水がなくては魚は生きてゆけないのですから、その関係は生死にかかわるほど不抜《ふばつ》である、といったほうがよいでしょう。

梁父吟《りょうほぎん》

（亮《りょう》、躬《み》ずから隴畝《ろうほ》に耕《たがや》し、好《この》んで梁父吟を為《な》す――「諸葛亮《しょかつりょう》伝」）

くりかえすことになりますが、梁父は人名ではなく地名です。梁父は墓地といってもよいので、その地へ死者を送る歌が、梁父吟、です。この挽歌《ばんか》の歌詞を替《か》えて歌っていたのが、農耕をおこなう諸葛亮です。なお隴畝は畑のことですが、こまかくいえば、隴は小さなうね、畝は大きなうねであると想えばよいでしょう。

さて、諸葛亮はどのような詞を作って歌っていたのでしょうか。

歩《あゆ》みて斉《せい》の城門を出《い》づれば
遥《はる》かに蕩陰《とういん》の里《り》を望む
里中《りちゅう》に三墳《さんふん》有り
累累《るいるい》として正《まさ》に相《あ》い似《に》たり
問う是《こ》れ誰《た》が家の墓かと

田疆《でんきょう》と古冶子《こやし》なり
力は能《よ》く南山《なんざん》を排《はい》し
文《ぶん》は能く地紀《ちき》を絶《た》つ
一朝《いっちょう》にして讒言《ざんげん》を被《こうむ》り
二桃《にとう》もて三士《さんし》を殺す
誰か能く此《こ》の謀《はかりごと》を為《な》すや
国相《こくしょう》斉の晏子《あんし》なり

歩きながら斉の城門を出ると、遙かに蕩陰の里がみえる。そこには三つの墳墓《ふんぼ》があり、累々と土が高く積まれ、三つともよく似ている。これはたれの墳墓であるかと問うてみたら、田開疆《でんかいきょう》、古冶子、公孫接《こうそんしょう》のものであった。かれらの膂力《りょりょく》は南山をも排《おしひら》き、地核《ちかく》の大綱《おおづな》をも絶ち切るほどであった。しかし、ひとたび讒言をこうむると、二つの桃がかれら三士を殺すこととなった。そんな謀計をたれが考えたのであろうか。それは斉国の宰相《さいしょう》の晏子であった。

諸葛亮が斉という国にたいして特別なおもいをもっていたことは、まちがいないでしょう。当然、斉の故事《こじ》にくわしかったはずです。春秋《しゅんじゅう》時代の後期に、斉では、晏嬰《あんえい》という名宰相があらわれました。かれは晏子とよばれ、多くの逸話《いつわ》があります。

「二桃もて三士を殺す」

これもその逸話のひとつです。

当時の斉の君主は景《けい》公であり、かれは公孫接、田開疆、古冶子という三人の勇士を養っていました。晏子は、三人に君臣の義がなく、下の者を統率《とうそつ》する道理をもたず、国内の乱暴をとりしまることもできないので、かれらを君側《くんそく》から除くべきだ、と景公に訴えました。しかし景公は、かれらを力で除ける者はいない、と弱腰です。それでは、と晏子は一計を案じ、景公から三人に二つの桃を贈らせて、三人に手柄くらべをさせました。三人は自分の手柄を自慢し、くらべているうちに、公孫接と田開疆は古冶子におよばないことを恥じ、取った桃を返して、みずから首をはねて死にました。残った古冶子も、

「ふたりが死んだのに、われが独りで生きるのは、不仁《ふじん》である」

と、いい、自殺しました。

晏子はたった二桃でじゃまな三勇士をかたづけたという話です。智慧《ちえ》の力が絶大な武力にまさるところに、諸葛亮の関心があったのでしょう。歌詞のなかにある、一朝、二桃、三士という語はリズムの良さを産みだしています。

七縦七擒《しちしょうしちきん》

（七縦七禽《きん》して、而《しか》も亮《りょう》なお獲《かく》を遣《や》らんとす――「諸葛亮《しょかつりょう》伝」注「漢晋春秋《かんしんしゅんじゅう》」）

荊《けい》州にいた馬良《ばりょう》を招いて劉備《りゅうび》に推挙《すいきょ》したのは諸葛亮でしょう。ちなみに馬良は、劉備が呉《ご》を攻めた際、夷陵《いりょう》の戦いで敗北しましたので、そこで戦死しました。弟の馬謖《ばしょく》は荊州従事《じゅうじ》として劉備に従っていたので、兄よりもさきに益《えき》州にはいり、昇進も兄より早かったのです。緜竹《めんちく》県、成都《せいと》県という重要な県の令《れい》となったあと、越嶲《えつすい》郡の太守となりました。

益州は巨大な州です。郡の数も多いのですが、そのなかで越嶲郡は、益州の南部に属します。郡の長官として赴任した馬謖は益州南部の実情を知りました。南部には異民族も多く、中央政府の法令に従わない族が多いということです。

劉備が崩《ほう》じたあと、諸葛亮は丞相《じょうしょう》として国力の回復につとめました。劉備がおこなった遠征のため、国力が衰減《すいげん》していたからです。諸葛亮は行政と司法に長じていましたが、軍事に自信がなかったので、兵法に精通している馬謖を近くに置いて、諮問《しもん》することにしました。

馬謖は諸葛亮からさまざまなことを問われたにちがいありませんが、その返答のひとつとして、

「益州の南部は、国力の増強に寄与《きよ》していない」

ということがあったでしょう。益州南部の諸郡が蜀《しょく》の制度のなかにきちんとおさまれば、蜀の国力は飛躍的に増大するのです。そこで馬謖は、

「南征したらどうですか」

と、諸葛亮に勧《すす》めたにちがいありません。政府に服従しない族を討つということです。しかし武力で制圧しても成功とはいえない例が、後漢王朝期にはいくつもあります。たびたび叛乱を起こした羌《きょう》族の鎮圧《ちんあつ》がそれです。

――人を従わせるには心服させないとだめだ。

その考えを胸に刻《きざ》んで、諸葛亮は南征に踏みだしました。見送りにきた馬謖は、

「南中《なんちゅう》（益州南部）は蜀都から遠く、地形も険しいので、そこに住む諸族は長い間服従しませんでした。今日、かれらを破ったとしても、明日、また叛くだけです。異民族を全滅させて後《のち》の患《うれ》いを除くというのは、仁者《じんしゃ》の情ではありませんし、また、すぐにできることでもありません。用兵《ようへい》の道は、心を攻めるを上とし、城を攻めるを下とします。どうか、公よ、南中の諸族の心を服させてください」

と、いいました。

気の利《き》いたことをいったものですが、かれのいった用兵の道は、孫子《そんし》の兵法の受け売りといってよいでしょう。

とにかく諸葛亮は出発し、軍を南下させました。この軍は連戦連勝でした。叛乱軍の渠帥《きょすい》が孟獲《もうかく》であると知った諸葛亮は、懸賞金をだしてかれを捕らえました。連行されてきた孟獲に、諸葛亮は陣営のなかをみせて、

「この軍をどうみるか」

と、問いました。孟獲は答えました。

「以前は虚実《きょじつ》がわからなかったので、敗《やぶ》れてしまった。いま、お情《なさ》けで陣営を観《み》させてもらった。これなら、われがたやすく勝ちますよ」

諸葛亮は笑って孟獲を釈放しました。このあと、孟獲は蜀軍に戦いを挑みましたが、勝てません。七たびも擒《きん》すなわち生け捕りになったのです。おどろいたことに諸葛亮は孟獲を殺さず、そのたびに縦《はな》ったのです。ついに孟獲は釈放されても去らず、諸葛亮にむかって、

「公には天威《てんい》があります。南人は二度と叛かないでしょう」

と、いい、心服しました。

孟獲との戦いを終えた蜀軍は、越巂郡の南に位置する建寧《けんねい》郡の滇池《てんち》まで進出しました。南征が成功したことによって、この年の秋には、南中から軍需物資がとどけられ、国は富み饒《ゆた》かになりました。

出師表《すいしのひょう》

南中《なんちゅう》を平定して後顧《こうこ》の憂《うれ》いがなく、国力の充実をみた諸葛亮《しょかつりょう》は、

「いつ北へ出撃すべきか」

と、馬謖《ばしょく》に諮《はか》ったことでしょう。魏《ぎ》を伐《う》つには時宜《じぎ》があることは、いうまでもありませ

ん。南征の翌年に、魏の皇帝である曹丕《そうひ》が崩《ほう》じました。あとを継いだのは若い曹叡《そうえい》です。

——魏をゆすぶってやろう。

と、思い立ったのは孫権《そんけん》のほうがさきで、秋に、呉《ご》軍が江夏《こうか》郡を攻撃しましたが、戦果《せんか》をあげられずに軍はしりぞきました。

「明年は、われらが魏を攻めましょう」

馬謖はそう答えたでしょう。実際に年があらたまり、出師の準備にはいった諸葛亮は、出陣するにあたって上疏《じょうそ》をおこないました。それが「前《ぜん》出師表」であることは、すでに述べました。翌年の「後《こう》出師表」とともに名文とされ、のちに『古文真宝《こぶんしんぽう》』などにおさめられました。

諸葛亮がみずから書いた文です。それを読むと三国時代の気《き》というものが、こちらにつたわってくるようです。

冒頭の文はこうです。

先帝業《ぎょう》を創《はじ》めて未《いま》だ半《なかば》ならずして、中道《ちゅうどう》にして崩殂《ほうそ》す。今、天下三分して、益《えき》州罷《ひ》敝《へい》せり。此《こ》れ誠《まこと》に危急存亡《ききゅうそんぼう》の秋《とき》なり。然《しか》れども侍衛《じえい》の臣、内に懈《おこた》らず、忠志《ちゅうし》の士、身《み》を外に忘るるは、蓋《けだ》し先帝の殊遇《しゅぐう》を追うて、之《これ》を陛下《へいか》に報《むく》いんと欲《ほっ》するなり。

先帝・昭烈《しょうれつ》皇帝（劉備《りゅうび》）は、漢の復興という大事業を始められたが、なかばにもならないうちに、中途で崩じられました。いま天下は蜀《しょく》、呉、魏という三国に分れ、蜀がある益州は疲弊《ひへい》しています。これはまさに危急存亡のときです。しかし近臣は宮中にあって怠《おこた》らず、忠志の士が外にあって身を忘れて働いているのは、先帝からたまわった厚遇を憶《おも》いだして、陛下にお返ししようとしているからです。

諸葛亮の意《おも》いが読む者の胸に切々《せつせつ》と迫ってくる文です。諸葛亮に関心のあるかたは、全文をお読みになることをおすすめします。三顧の礼に関する諸葛亮自身の回想もそのなかにふくまれています。

泣《な》いて馬謖《ばしょく》を斬る

（亮《りょう》、西《せい》県の千余家を抜《ぬ》き、漢中《かんちゅう》に還《かえ》り、謖を戮《ころ》して以《もっ》て衆《しゅう》に謝《わ》ぶ――「諸葛亮《しょかつりょう》伝」）

（謖、獄《ごく》に下《くだ》りて物故《ぶっこ》す。亮、之《これ》が為《ため》に涕《なみだ》を流す――「馬謖伝」）

魏《ぎ》をどのように攻めたらよいか、という戦略を立てたのが馬謖であっても、実戦の場にかれを立たせる必要があったのか、という疑念が残ります。益《えき》州をでて祁《き》山にむかう際に、

「先鋒は魏延《ぎえん》か呉壱《ごいつ》がよい」

という声が軍中に挙《あ》がったのに、諸葛亮は無視して、馬謖を街亭《がいてい》にむかわせました。おそらく諸葛亮は、魏延と呉壱では、戦略の意図《いと》を理解できず、個々の発想で魏軍と戦う恐れがある、とおもったにちがいありません。たしかに魏延は奇襲をおこなうのであれば、長安《ちょうあん》を衝《つ》けばよい、といったのですから、この発想に諸葛亮と馬謖は意表を衝かれました。なるほど長安をおさえてしまえば、魏の主従は仰天して、しばらくなすすべがなかったでしょう。しかし諸葛亮と馬謖は慎重《しんちょう》で、危険な橋は渡らないという策戦のもとに、長安よりはるか西の街亭をおさえることにしました。

が、兵法に精通していた馬謖は、実戦では凡将《ぼんしょう》で、魏将の張郃《ちょうこう》に大敗しました。諸葛亮の本営と街亭はかけはなれていたため、助けにゆくことができず、帰途についた諸葛亮は、

州境に近い西県の千余家を益州へ移住させ、漢中に帰還すると、馬謖を獄に下して死刑にし、衆《おお》くの兵に謝罪しました。

処刑されるまえに、馬謖は諸葛亮に書翰《しょかん》をだしました。

「明公《あなたさま》はわたしを子のようにいつくしんでくれました。わたしも明公を父のように仰いできました。どうか父である鯀《こん》を殛《ころ》しても子である禹《う》をとりたてた古代の義をおもっていただきたい。平生《へいぜい》の交わり通りにしていただければ、わたしは冥土《めいど》へ行っても、恨《うら》みはありません」

このあと馬謖が刑死したことを知った十万の兵が、涙をながし、諸葛亮も泣きました。

ちなみに、鯀を殺してその子の禹をとりたてたのは、古代の聖王の舜《しゅん》です。鯀は治水《ちすい》に失敗して殺されたのです。

ところで、あとで漢中にやってきた蔣琬《しょうえん》が、馬謖のような智計《ちけい》の士を殺すのは、惜《お》しい、といったところ、諸葛亮は、

「天下が分裂し、戦争が始まろうとしている。こういうときに（私情を優先して）法をないがしろにすれば、どのように敵国を討てようか」

と、答えました。

死せる諸葛《しょかつ》、生ける仲達《ちゅうたつ》を走らす

（宣《せん》王の退《しりぞ》くや、百姓之《ひゃくせいこれ》が諺《げん》を為《つく》りて曰《いわ》く、死せる諸葛、生ける仲達を走らすと――
「諸葛亮《しょかつりょう》伝」注「漢晋春秋《かんしんしゅんじゅう》」）

五丈原《ごじょうげん》の陣中で罹病《りびょう》した諸葛亮は、ひそかに長史《ちょうし》の楊儀《ようぎ》、司馬《しば》の費禕《ひい》、護軍《ごぐん》の姜維《きょうい》らを招き、自分が死んだあとの撤退について指図を与えました。

猛将である魏延《ぎえん》には敵の追撃を断《た》たせるのがよいが、おとなしく後拒《こうきょ》をおこなわない場合を考えて、姜維にそのままをゆかせ、魏延の意向にかまわず、軍を出発させてよい、そういうことでした。

諸葛亮が歿《ぼっ》すると、すぐに費禕が魏延の意向を打診《だしん》しました。魏延は、諸軍を率いて魏《ぎ》軍と戦うといい、去る部隊ととどまる部隊を区別することにしました。費禕はそれに反対しないかたちで、楊儀のもとにもどりましたが、

――丞相《じょうしょう》が心配なさった通りだ。

と、おもい、楊儀とともに諸軍の撤退を開始させました。置き去りにされかけた魏延は怒り、帰路をさきまわりして、叛逆したため、斬殺されました。魏延は、劉備《りゅうび》でなければ、使いこなせなかった勇将であったといえます。

それはそれとして、蜀《しょく》軍が撤退しはじめたことを知って、魏軍の将帥《しょうすい》である司馬懿《しばい》は追撃をはじめました。なお司馬懿はのちに晋《しん》の宣王とよばれ、正史『三国志』は晋の時代に完成しますので、司馬懿の氏名をそのまま記《しる》さず、王号としています。魏軍が追撃してくることを知った姜維は、楊儀に報《しら》せ、軍旗をひるがえし、太鼓を鳴らし、迎撃《げいげき》の構えをしました。おどろいた司馬懿は退却しました。そこで人々は皮肉をこめてこういいました。

「死んでも諸葛孔明《しょかつこうめい》は偉い、生きている司馬仲達を敗走させたのだから」

仲達は司馬懿のあざな（通称）です。そしられた司馬懿は、

吾能《われよ》く生《せい》を料《はか》るも、便《すなわ》ち死《し》を料らざるなり。

と、いいました。料は、ますではかることをいいます。生きている者を相手にすれば、推量しそこなうことはないが、死んだ者が相手では、推量しそこなうさ、と司馬懿は負け

惜しみをいいました。ちょっとしたユーモアがこめられています。

なお、諺《ことわざ》のなかの「死せる諸葛」はのちに「死せる孔明」と変えられて人口《じんこう》に膾炙《かいしゃ》しました。が、もともと氏姓には敬意がこめられ、あざなに軽侮《けいぶ》がこめられていたのに、孔明というあざなに置き換えては、諺のなかにあった本意が半減してしまいます。

鶏肋《けいろく》

（それ鶏肋は、之《これ》を棄《す》つれば、惜《お》しむべきが如《ごと》く、之を食《くら》わば得《う》る所《ところ》無し——「武《ぶ》帝紀」
注「九州春秋」）

日本の明治・大正・昭和の財界人には読書家が多く、とくに中国の古典に精通していたようです。うろ覚《おぼ》えですが、ひとつ、おもしろい話がありました。昭和の財界の大物を訪《たず》ねた経済記者が、話題の事業について質問しました。するとその財界人は、

「鶏肋」

と、いいました。経済記者は意味がわからずに困惑していると、

「君は鶏肋も知らんのか。『三国志』を読んで、出直してこい」

と、叱《しか》られました。それがきっかけで、その経済記者は中国の古典を猛勉強したのです。

鶏肋とは、にわとりのあばら骨のことです。

建安《けんあん》二十四年（二一九年）に、魏《ぎ》の夏侯淵《かこうえん》が劉備《りゅうび》と戦って殺されました。魏王になっていた曹操《そうそう》は長安《ちょうあん》から斜谷《やこく》を通り、夏侯淵が戦死した漢中《かんちゅう》の陽平《ようへい》に到着しました。が、それ以上は、劉備の抵抗によって、進撃できません。やがて曹操は、鶏肋、という布令をだしました。属官たちは、なんのことやら、と首をかしげましたが、主簿《しゅぼ》の楊脩《ようしゅう》だけはさっそく帰り支度《じたく》をはじめました。人々はおどろいて、

「なぜわかったのか」

と、たずねました。すると楊脩は、

「鶏のあばら骨は、棄てるのはもったいないけれど、食べたところで、得る物はなにもない。それを漢中にたとえられたのですから、王がご帰還になると知ったのです」

と、答えました。楊脩は太尉《たいい》であった楊彪《ようひょう》の子で、その才能は抜群でしたが、曹操の子の曹植《そうしょく》の智慧《ちえ》袋になったため、忌《い》まれて処刑されました。曹操の室《いえ》の後継争いにはむずかしさがあったのです。

さきの財界人の話にもどりますと、

「この事業を棄てるのはもったいないが、このままつづけても益《えき》はないから、手を引く」

と、経済記者に教えたことになります。

呉下《ごか》の阿蒙《あもう》

(粛《しゆく》、蒙《もう》の背《せ》を拊《う》ちて曰《いわ》く、吾《われ》、謂《おも》えらく、大弟《たいてい》ただ武略《ぶりやく》あるのみ、と。今に至《いた》りて学識英博《がくしきえいはく》、また呉下の阿蒙にあらず――「呂蒙《りよもう》伝」注「江表伝《こうひようでん》」)


呉の呂蒙は関羽《かんう》をあざむいて荊《けい》州の奪取《だつしゆ》に成功したため、すっかり悪役、かたき役になってしまいましたが、佳《よ》い話もあるのです。

孫権《そんけん》の側近であった呂蒙は武勇の人ではあったが、学問がありませんでした。そこで群臣からは、

「呉下の阿蒙」

と、陰口《かげぐち》をたたかれていました。それは「呉の蒙ちゃん」とばかにしたことばで、学問

のないことを笑ったのです。呂蒙に大任《たいにん》をさずけるようになった孫権は、呂蒙を呼んで、

「重職に就《つ》く身となったのだから、学問をして、自己啓発《けいはつ》しなければならぬ」

と、さとしました。しかし学問が苦手《にがて》な呂蒙は、

「軍中にあってはなすべき仕事が多く、読書をしているひまなどありません」

と、遁辞《とんじ》をかまえました。だが、孫権は、それならしかたがない、とはいいません。

「われは、なんじが経書《けいしょ》に精通して、博士になってもらいたいとおもっているわけではない。書物を渉猟《しょうりょう》して、往事《おうじ》を見てもらいたいだけなのだ。われは若いころに『詩《し》』『書《しょ》（尚書《しょうしょ》）』『礼記《らいき》』『春秋左氏伝《しゅんじゅうさしでん》』などを読み、国政を執《と》るようになってからも、史書や兵書を読み、大いに益《えき》があるとおもっている。なんじの意性《いせい》は明朗《めいろう》で悟《さと》る力もすぐれている。学べばかならず得るところがあろう。まず『孫子《そんし》』『六韜《りくとう》』『春秋左氏伝』などを読むがよい」

　孫権は呂蒙を懇々《こんこん》とさとしたのです。ちなみに『孫子』と『六韜』は兵法書です。

　――そこまで仰《おお》せになるのなら。

　呂蒙はひとつ気づいたでしょう。多忙なのは自分だけではない。むしろ孫権のほうが政務にいそがしいのに、読書の時間をつくっている。学問をするということは、そのために

与えられる時間を甘受《かんじゅ》することではなく、仕事のさなかでも工夫して、時間をつくりだすことだ。呂蒙はもともと賢《かしこ》いので、学問をはじめると、倦《う》むことなく読書をつづけました。その読書量は、儒者《じゅしゃ》のそれをしのいだのです。

病死した周瑜《しゅうゆ》のあとを継いだ魯粛《ろしゅく》が、呂蒙のもとをおとずれました。討論をはじめたところ、呂蒙にいい負かされそうになりました。そこで魯粛は呂蒙の背を拊って、

「われは大弟《あなた》が武略しか知らないとおもっていたが、いまや、その学識はすぐれて博《ひろ》い。もはや呉下の阿蒙ではないわ」

と、称《ほ》めました。それにたいして呂蒙は、

「士《し》とは、別れて三日経てば、刮目《かつもく》して相手を視《み》なければならぬのです」

と、答えました。たった三日後でも、大いに成長する者がいるのでよくよく注目せよ、ということです。

第六章　英雄たちの後の三国志

主役は司馬氏

蜀《しょく》の諸葛亮《しょかつりょう》が五丈原《ごじょうげん》で病歿《びょうぼつ》したとき、魏《ぎ》の司馬懿《しばい》は五十六歳でした。

翌年（二三五年）、太尉《たいい》という高位に昇った司馬懿は、三年後に、はるばると軍を北上させて、遼東《りょうとう》で威勢を張っていた公孫淵《こうそんえん》を滅ぼします。ところが、この年の十二月に皇帝の曹叡《そうえい》が病牀《びょうしょう》につき、年があらたまって司馬懿が帰還すると、すぐに崩御《ほうぎょ》してしまいました。

「君は曹爽《そうそう》とともに幼いわが子を輔佐《ほさ》せよ」

これが曹叡の遺言《ゆいごん》でしたので、司馬懿はそれに従って曹芳《そうほう》を皇帝に立てました。ところが曹芳は曹叡の養子であり、実父の名は秘されたままでした。このことが魏の群臣の忠誠心を殺《そ》いだにちがいありません。

「どこのたれの子かわからない者を、皇帝としてあがめたくない」

群臣の心のなかの声は、そういったものでしょう。ちなみに曹芳は、任城王《じんじょうおう》曹楷《そうかい》の子であるといわれています。そうであれば、曹芳は曹操《そうそう》の曾孫《そうそん》ということになります。

司馬懿とともに曹芳を輔佐することになった曹爽は、曹真《そうしん》の子です。曹真はおもいやりのある人で、曹氏一門の支柱《しちゆう》といってよく、多くの人々に敬慕《けいぼ》されました。司馬懿のまえに諸葛亮と戦った人なので、憶《おぼ》えてもらえているでしょう。

大将軍の曹爽は、太傅《たいふ》となった司馬懿に遠慮しておとなしかったのですが、しだいに与党を増やして、あつかましくなり、ついに専権をふるうようになりました。そのため司馬懿は朝廷から遠ざかりました。やがて司馬懿の病が篤《あつ》いときいた曹爽は、与党のひとりである李勝《りしよう》に、その病状をさぐらせました。

「このたび荊《けい》州へ赴任することになりました」

と、李勝がいうと、司馬懿ははなはだしい衰容《すいよう》をかくさず、

「幷《へい》州に赴任したら、ご自愛なされよ」

と、息も絶《た》えだえにいいました。

「わたしが行くのは、荊州です。幷州ではありません」

「ああ、さようか、われは耄碌《もうろく》して、君のことばがわからなかった」

司馬懿は涙をながし嗚咽《おえつ》しました。じつは、それらすべては司馬懿の演技で、七十歳になっても司馬懿は矍鑠《かくしやく》としていたのです。曹爽のもとに報告にもどった李勝は、

「太傅の病は回復するみこみはなく、看《み》ていていたましいかぎりです」

と、述べました。

——これで司馬懿を忌憚《きたん》する必要はなくなった。

警戒心を棄《す》てた曹爽は、翌年すなわち正始《せいし》十年（二四九年）、曹芳に従って、弟たちとともに、先帝の陵墓《りょうぼ》である高平陵《こうへいりょう》に参詣《さんけい》にでかけました。首都である洛陽《らくよう》を空《あ》けたところに曹爽の決定的な失敗がありました。

「高平陵事変」

のちにそう呼ばれる政変がこれです。

曹爽と弟たちが洛陽城から離れたと知った司馬懿は、すばやく城内にはいり、宮中の郭太后《かくたいこう》（曹叡の皇后）に面謁《めんえつ》して、曹爽の悪業を告げ、曹氏兄弟をことごとく罷免《ひめん》してもらいました。さらに武器庫をおさえてから、城外にでて、洛水《らくすい》の浮橋《うきはし》に駐屯《ちゅうとん》しました。異変を知った曹爽はあわてて引き返してきましたが、司馬懿の陣に威圧され、動けなくなりました。智慧と胆力のある大司農《だいしのう》の桓範《かんはん》は、

「ここにおられる天子を許昌《きょしょう》へ移し、都外の兵を糾合《きゅうごう》すればよい」

と、曹爽に進言しましたが、動顛《どうてん》している曹爽を戦いに導くことはできませんでした。

けっきょく呆然自《ぼうぜんじ》失《しつ》の曹爽は罪に服するかたちで抵抗せず、自宅に帰還しました。平民に貶《お》とされたところで、あとは悠々《ゆうゆう》と暮《く》らせる、と曹爽は楽観をもっていましたが、司馬懿は甘い人ではありません。曹氏兄弟を容赦《ようしゃ》なく誅《ころ》しただけではなく、与党とおもわれる者をつぎつぎに処刑しました。この苛烈《かれつ》な断行によって、曹氏一門とその助力者を潰滅《かいめつ》させたのです。

　政権の軸が司馬氏へ移行したことを不快におもう者もいました。太尉の王淩《おうりょう》が、いまの皇帝を廃してあらたな皇帝を立てようとしているという伝聞《でんぶん》を耳にした司馬懿は、みずから軍を東行させて征伐し、王淩を自殺させました。司馬懿は子孫が天下を経営できる道を拓《ひら》いて、七十三歳で逝去《せいきょ》しました。

　あとを継いだのは長子の司馬師《しばし》です。かれの悩みは、成長した曹芳が淫荒《いんこう》であったことです。そこで思い切って皇帝の廃替《はいたい》をおこないました。曹芳を帝位からおろして曹髦《そうぼう》を迎えました。曹髦の父ははっきりしています。東海定《とうかいてい》王曹霖《そうりん》です。すなわち曹髦は曹丕《そうひ》の孫ということになります。しかしながら皇帝の廃替などはめったにあることではありません。

——司馬師は自分に都合《つごう》のよい皇帝に替えたのだ。

そういう批判《ひはん》をこめて、鎮東《ちんとう》将軍の毌丘倹《かんきゅうけん》と揚《よう》州刺史《しし》の文欽《ぶんきん》が叛乱を起こしました。

正元《せいげん》二年（二五五年）に、司馬師はみずから征伐にむかいそのふたりを撃破しました。毌丘倹は死に、文欽は呉《ご》へ逃げました。ところが帰途の司馬師は病が重くなり、許昌で亡くなりました。四十八歳でした。

司馬氏の威権がゆらがないようにするためには、後継に隙《すき》をみせてはならないのです。すみやかに弟の司馬昭《しばしょう》が司馬一門の棟梁《とうりょう》となり、朝廷にも不安を与えませんでした。

劉禅の降伏

司馬《しば》氏への批判勢力は残存していました。征東《せいとう》大将軍であった諸葛誕《しょかつたん》が、甘露《かんろ》二年（二五七年）に叛乱を起こしました。司馬昭《しばしょう》は兵を率いて、鎮圧《ちんあつ》をおこないました。諸葛誕を寿春《じゅしゅん》に囲んだのが六月であり、翌年の二月に諸葛誕を斬りました。これで司馬昭にさからう勢力は全滅したはずです。ところが、おもいがけないところから、司馬昭に刃《やいば》がむけられたのです。

甘露五年（二六〇年）、皇帝である曹髦《そうぼう》が司馬昭を討とうとしたのです。この出撃に関しては密告者があり、司馬昭が用心して兵を配していたので、ぶざまなことにはなりませんでした。曹髦の兵と応戦した者が曹髦を殺してしまいましたので、司馬昭は曹奐《そうかん》を迎えて皇帝の席に即《つ》かせました。曹奐は燕《えん》王曹宇《そうう》の子で、曹宇の父が曹操《そうそう》です。あらたな皇帝が立ったので、司馬昭は改元をおこない、甘露五年を景元《けいげん》元年としました。この景元という元号から、司馬氏の天下経営が実質的にはじまったと想ってよいでしょう。魏《ぎ》は滅んだも同然になったということです。

司馬昭は西方に目をむけました。

蜀《しょく》の姜維《きょうい》が諸葛亮《しょかつりょう》の遺志《いし》を継ぐかたちで、雍《よう》州を侵《おか》すことが多くなったのです。たびたび姜維の戦略にふりまわされていたのですが、鄧艾《とうがい》をその防ぎにむかわせると、ことごとく姜維の動向を読んで、蜀軍を止めるという放《はな》れわざをやってのけたのです。

――鄧艾はつかえる。

司馬昭は姜維の出撃の多さが、蜀の国力を大いにそこなっているとみました。蜀都にいない姜維が蜀の軍事を掌握《しょうあく》し、魏を攻めることに専念しすぎて、防衛をおろそかにしている、と想定しました。そこで、蜀の征服を主張している鍾会《しょうかい》に諮《はか》り、

「鄧艾に姜維の相手をさせておき、そのあいだに、別の道からなんじが大軍を率いて成都《せいと》へむかうがよい」

と、司馬昭はいいました。

景元四年（二六三年）、司馬昭は、すでに姜維と対峙《たいじ》している鄧艾に、

「姜維を、生け捕れ」

と、命じました。

念のため、司馬昭は雍州刺史《しし》の諸葛緒《しょかつしょ》に姜維の退路をふさがせました。これで姜維を封《ふう》じ込《こ》めたはずなので、出発した鍾会の軍が成都を陥落させるであろうと予想しました。ところが戦場とは生き物です。司馬昭が打った手はまちがっていなかったのに、齟齬《そご》が生じてしまいました。鄧艾と戦っていた姜維は、はるか東の駱谷《らくこく》を通って鍾会軍が益《えき》州にはいったことを知り、その軍を阻止《そし》すべく、東へ移動したのです。が、退路は諸葛緒にふさがれていました。

――間道《かんどう》を通るしかない。

姜維は大軍に険隘《けんあい》な路をすすませはじめました。それを知った諸葛緒が間道を遮断《しゃだん》すべく兵を動かしたのです。広い道が空いたとわかった姜維はすぐに兵を引き返させて、すばやく東進し、剣閣《けんかく》という難攻不落の要害で、鍾会軍を止めてしまったのです。

戦う相手がいなくなったのは鄧艾です。こうなれば、成都をめざして前進したくなりま

す。しかし剣閣を越えられないことはわかっているので、剣閣のうしろ、つまり別の道で成都へゆける地点にでることを探りました。ひとつ道がありました。ところがその道は、獣《けもの》さえ恐れて通らない道です。鄧艾は不撓不屈《ふとうふくつ》の人です。山をうがち、谷に梁《はし》を架《か》け、崖をころがって、すすみました。ついに鄧艾とその軍は蜀のたれもが想ってもみない地に出現しました。

諸葛亮の子の諸葛瞻《しょかつせん》が鄧艾の軍を迎撃《げいげき》しましたが、激闘むなしく戦死しました。成都は防備をおこたっていましたので、諸葛瞻が敗死したとあっては防戦をあきらめるしかなく、

「降伏したほうがよろしい」

と、譙周《しょうしゅう》に説《と》かれた劉禅《りゅうぜん》は、成都城をでて、鄧艾の軍門に降《くだ》りました。譙周は博識の人で、かれの門下にいる陳寿《ちんじゅ》がのちに正史『三国志』を書くことになります。

十一月に、蜀は滅んだのです。

劉禅は洛陽《らくよう》へ移って安楽県《あんらくけん》公に任ぜられ、泰始《たいし》七年（二七一年）に、六十五歳で死去しました。皇帝と国家のためにどれほど多くの兵が戦い、死んでいったか、と想えば、一戦もせずに降伏した劉禅への批判は根深いものがあります。しかしながら、降伏を早々に決断したおかげで、益州の山川《さんせん》は血でけがれなかったことも事実なのです。

呉の滅亡

呉《ご》の孫権《そんけん》は嘉平《かへい》四年（二五二年）に、七十一歳で逝去《せいきょ》しました。嘉平という元号は魏《ぎ》のものなので、呉の暦《れき》では、太元《たいげん》二年となります。ちなみにこの年というのは、司馬懿《しばい》が亡くなった年のつぎの年です。

呉の後継争いが醜悪《しゅうあく》そのものであったことは、まえに書きました。孫権の大いなる失政といってよいでしょう。とにかく、太子の孫亮《そんりょう》が即位しました。孫亮は十歳の幼帝です。輔佐する大臣が専横《せんおう》をおこないやすい状況です。はたして太傅《たいふ》に任じられた諸葛恪《しょかつかく》が軍事を好み、喪《も》に服しているべき年であるのに、軍をだして勝利を得ました。ちなみに諸葛恪は、諸葛亮《しょかつりょう》の兄の子です。気をよくした諸葛恪は帰還した兵にほとんど休息を与えず、ふたたび魏を攻めるべく、出師《すいし》し、合肥《ごうひ》新城を攻撃しました。が、これは大失敗といってよく、多数の死傷者をだして引き揚げてきた諸葛恪は、孫峻《そんしゅん》に斬られました。孫峻は、孫堅《そんけん》の弟の曾孫《そうそん》です。

以後、呉の朝廷は孫峻に牛耳《ぎゅうじ》られることになります。

が、孫峻は長寿ではなく、呉の五鳳《ごほう》三年（二五六年）に、三十八歳で亡くなります。その権力を引き継いだのが、従弟《じゅうてい》の孫綝《そんちん》です。あくどい、といえば、孫峻より孫綝でしょう。皇帝の孫亮は十五歳になった太平《たいへい》二年（二五七年）に、聴政《ちょうせい》の席につきますが、孫綝を嫌って、しばしばかれの意見に難色を示しました。翌年、孫亮は孫綝の専横が目にあまるとして、誅殺《ちゅうさつ》する計画を立てます。が、その計画が洩《も》れたため、孫亮の協力者は殺され、孫亮自身は退位させられて会稽《かいけい》王に貶《お》とされました。

孫綝がつぎの皇帝に選んだのは、孫権の第六子である孫休《そんきゅう》です。孫休は幼帝ではありません。二十四歳です。このままでは、呉は孫綝の帝国になってしまうと考えた孫休は、慎重に孫綝を誅殺する機会を待ちました。即位した月から二か月後の十二月に、百官が集まる臘会《ろうかい》があります。その日、会に出席した孫綝を捕らえさせた孫休は、その日のうちにかれを処刑しました。

呉の朝廷にようやくまともな秩序がもどったのです。

孫休は賢い人ですが、政治にたいする情熱はもっていません。情熱は古典の研究にむけられ、実際の政治は丞相《じょうしょう》の濮陽興《ぼくようこう》と左将軍の張布《ちょうふ》にまかされました。孫休が二十九歳のときに、蜀《しょく》が滅亡しました。益《えき》州が魏の版図《はんと》にはいったということは、江水《こうすい》の上流を魏におさえられたということなので、いつなんどき魏の大軍が江水をくだって呉に侵入するかわからないという脅威を、皇帝をはじめ庶民までおぼえはじめました。翌年に孫休が病で崩《ほう》じたのは、精神的な圧迫を感じたからでしょうか。臨終の孫休はことばをしゃべることができず、文字を書いて、濮陽興を呼びよせ、子の孫霅《そんわん》に濮陽興のまえで拝礼《はいれい》をさせました。

「この子をよろしくたのむ」

孫休は濮陽興にそういったつもりでしょう。が、濮陽興は孫休が亡くなったあと、張布と話しあって、さきの太子であった孫和《そんわ》の子の孫皓《そんこう》を擁立《ようりつ》しました。この選択がふたりに不幸をもたらしました。

即位した孫皓はまれにみる凶悪な皇帝であり、自分を支持してくれた太后《たいこう》の朱《しゅ》氏の位を貶とし、翌年には殺しました。また孫休の四人の子を小城にとじこめ、そのなかの年長のふたりを殺しました。濮陽興と張布へも酷薄《こくはく》さをみせ、讒言《ざんげん》を信じて、ふたりを殺したのです。孫皓は二十三歳で即位したのですが、二十四歳のときに、魏の曹奐《そうかん》が司馬昭《しばしょう》の子の司馬炎《しばえん》に帝位をゆずったため、晋《しん》王朝が樹立しました。その年（二六五年）から、晋と呉の対立にはいりますから、実質的に三国時代は終わったのです。

孫皓が暴虐《ぼうぎゃく》の皇帝であり、官民の心が上から離れつづけているこの機に呉を征伐すべきであるという議論が晋の朝廷でくりかえされましたが、反対論が多かったため、司馬炎の決断はずいぶんあとになりました。

咸寧《かんねい》五年（二七九年）、司馬炎はついに諸将に大号令をくだして、呉を攻めさせました。それら諸将のなかで杜預《どよ》と王濬《おうしゅん》の奮闘《ふんとう》は後世の語り草になるほどすさまじく、翌年、呉都に迫ってきた王濬に、孫皓は降伏しました。晋軍が呉を制圧したことを知った司馬炎は、それを祝賀するつもりでしょう、咸寧六年を太康《たいこう》元年に改元しました。

あとがき

三国志の世界を知ることは、宝の山に踏み込むようなものかもしれません。

私自身の読書遍歴《へんれき》をふりかえってみて、『三国志演義』が中国の歴史にいざなってくれたことはまちがいないのです。二十代から三十代にかけて、岩波文庫の『三国志』を八回通読しました。当時のそれは全十冊でしたが、この新書の稿を書きはじめるまえに、それらをあらたに購入したところ、全八冊になっていたのでおどろきました。とにかく演義を読んだのは三十数年ぶりです。その底本が気になったので、角川ソフィア文庫の『三国志演義』（全四冊）にも目を通しました。本題からそれるようですが、演義の成立などについて、くわしく知りたくなり、金文京《きんぶんきょう》氏の『三国志演義の世界』（東方書店）を読みはじめましたが、これは他人《ひと》にすすめたくなる良書でした。

たしかに演義はおもしろい。そのおもしろさは、羅貫中《らかんちゅう》が独りで創《つく》りだしたものではなく、過去の大衆の智慧《ちえ》の集積といってよいものです。その点、羅貫中は小説家というより編集者であったといったほうがよいかもしれません。大衆は、三国志の世界にふれて、そのなかの英雄たちがこうあってもらいたい、もっと話をおもしろくできないか、と望みつづけて、長い歳月のすえに演義のもとになる話を作ったのです。

しかしながら、演義を読むことは、おもしろさを与えられることで、自分でおもしろさを発見したり発掘することにならない、とおもった私は、正史の『三国志』を読みたくなり、筑摩書房の『三国志』へ移りました。それが三十代の後半でしたが、私の関心はそこから離れて古代へむかってしまいましたので、三国志の世界にもどってきたのは五十代です。

正直なことをいえば、『春秋左氏伝』ほどおもしろい歴史書はなく、『三国志』に魅力をおぼえなかった時間が長かったのです。私は春秋・戦国時代がとくに好きで、小説に書く人物をその時代から選んでいましたが、司馬遼太郎さんにお目にかかったときに、

「君は現代を書いていて、いいね」

と、いわれました。むろん、私が現代小説を書いているということではないのです。中国の歴史のなかで、人々が思想的にほんとうに自由であったのは、戦国時代だ、ということです。ほかの時代は、なんらかのかたちで人々は縛られている。私はそのとき、

——三国志も、いいな。

と、おもいました。後漢時代の末と三国時代の初めには、秩序を崩壊させる激烈な戦いがあったにせよ、人々はなおも縛られている。その不自由さのなかで独自の生きかたを模《も》索《さく》するとは、どういうことなのか。のちに私は史実に比《ちか》いかたちを設定して三国志の世界を小説にしましたが、すでにテーマは決まっていたといえます。

さて、三国志の世界は宝の山のようだ、といいましたが、たとえば、「諸葛亮《しょかつりょう》伝」にあるつぎのような話はそのひとつです。

劉表《りゅうひょう》が治める荊《けい》州にのがれた劉備《りゅうび》は、州府がある襄陽《じょうよう》の北に位置する新野《しんや》県に駐屯します。駐屯という表現にも当然なことながら意味があり、曹操《そうそう》が荊州を攻めるとすればかならず北部を侵《おか》して南下するので、襄陽を防衛するために劉表は新野を軍事基地として劉備をそこに配したということです。

劉備は新野にとどまっているあいだに、襄陽の西に棲《す》む諸葛亮を三顧《さんこ》の礼《れい》をもって迎え、謀臣とします。劉備の左右にはつねに関羽《かんう》と張飛《ちょうひ》しかいなかったのに、頭脳明晰《めいせき》とおもわれる少壮《しょうそう》の容姿が加わったことに注目した人がいました。劉表の長子の劉琦《りゅうき》です。かれには深い悩みがあります。

劉琦の生母はすでに亡く、父の劉表が後妻を迎えたので、その蔡《さい》夫人が劉琦の継母《けいぼ》となったのです。

蔡夫人は次男である劉琮《りゅうそう》を愛し、劉琦を嫌いはじめました。この蔡夫人の感情が劉表につたわって、劉表も劉琦をうとんずるようになりました。重臣も劉琦に近づかないようになりました。たれからも愛されない劉琦は自分の苦悩をうちあけたくても、相手がいません。ようやくみつけた相手が諸葛亮であったのです。諸葛亮は劉表の臣下ではありませんし、口が堅《かた》そうです。そこで劉備に従って諸葛亮が襄陽にくるたびに、さりげなく近づいて、

「話があるのだが……」

と、ささやきますが、諸葛亮はそれに応《こた》えず、しりぞいてしまいます。

勘《かん》のよい諸葛亮は、劉琦がなにを話したいのか、およそわかっています。劉琦が後継の件でむずかしい立場にいるとなれば、それに関する話になるはずで、劉備の下にいる諸葛亮は劉表家のなまぐさい問題にかかわってはならないのです。

あるとき、劉琦は諸葛亮をつれて、裏庭を逍遥《しょうよう》しました。ともに高楼《こうろう》に登って宴を楽しみました。そのさなかに劉琦は、従者に梯子《はしご》をとりはずさせたのです。

私はこの光景は三国志の世界のなかでも、せつなく美しいものだとおもっています。劉

琦の苦悩について、

「自安《じあん》の術《じゅつ》」

と、正史にはあります。自分を安全にする策、それがわからないので、諸葛亮に諮《はか》ろうとしたということです。

しかし私は、劉琦の苦悩は、利害に多少のかかわりをもっていたことを否《いな》めませんが、倫理《りんり》へのかかわりが深かった、と考えるようになりました。後漢王朝の支配的な思想は、

「孝《こう》」

であり、親への孝行を徳の第一としました。劉表は州内に学校を建てた人ですから、教育に熱心で、自分の子を厳格にしつけたでしょう。君子であるためには、まず孝子でなければならない。劉琦はそれを体現しようとしたでしょう。親に愛されなくても、むごくあつかわれても、孝心をしぼませることなく、孝行をつらぬくというのが、ほんとうの孝子です。劉琦は人としての理想像から遠ざかりつつある自分に苦しんだとみたい。そのあたりの機微《きび》がわかってくれるのは、諸葛亮しかいないとおもったのです。

ところでこのとき劉琦は何歳でしょうか。生年がわかっていませんが、父の劉表の年齢がわかっているので、見当をつけることはできます。劉表は党人《とうじん》として官憲《かんけん》に追われつづ

け、逃げつづけて、党人赦免《しゃめん》が布告されたのが四十三歳のときです。そこで落ち着いて娶嫁《しゅか》したとすれば、劉琦を儲けたのは四十五歳のときでしょう。それから二十二年後、すなわち建安十三年の春に劉琦は諸葛亮をさそって高楼に登ったと推定されますので、劉琦の年齢は二十三歳です。もちろん劉表が二十代のときに長子を儲けたという常識的な想像をすれば、劉琦の年齢を四十代としなければなりません。それでは悩む劉琦から若さが感じられません。

さて、楼上《ろうじょう》の劉琦は諸葛亮にむかってこういいました。

「今日、上は天に至《いた》らず、下は地に至らない。言《げん》は子《あなた》の口から出て、わが耳に入る。これでも話してもらえないのだろうか」

精神的に窮《きゅう》した劉琦がここにいるのです。梯子をはずした高楼は宙に浮いたようなもので、劉琦そのものであるともいえます。それは歴史的事実であったかもしれませんが、文学的表現といってよく、さりげなく劉琦の精神状態を描いていると読むべきです。

ここではじめて諸葛亮は忠告します。

「君《あなた》はご存じではありませんか、申生《しんせい》は内《うち》にとどまったがゆえに危《あやう》く、重耳《ちょうじ》は外に出たがゆえに安《やす》きを得たことを」

これだけをきいて劉琦はさとったのです。

　後漢末にもっとも多くの人に読まれたのは『春秋左氏伝』であったでしょう。中生と重耳の苦難の話はそのなかにあります。晋《しん》という国の君主を献《けん》公といい、後妻を愛したため、長子である中生にむごくあたりました。後妻の子を太子にしたいためです。しかし孝子の中生は老いた父をいたわるべく国内にとどまり、ついに殺されました。次子の重耳は危険を感じて国外に脱出し、諸国をさまよったすえに帰国して、君主となったのです。劉琦の立場は晋の中生とおなじといってよく、父への孝行をつらぬこうとした中生が、どうなったか、おわかりですね、と諸葛亮は、劉琦を縛っていた精神的な縄を切ったのです。

　このみじかい対話のなかに、後漢の思想的空気があり、その空気のむこうに春秋時代の風景が淡くひろがっています。三国志の世界にはこういう豊かさがあちこちにあり、さらに小説技法をも学ばせてくれるのですから、宝の山といってもさしつかえないでしょう。はっきりいって、三国志の世界を知ったせいで損《そん》をしたなどという人はひとりもいないはずです。

　五十代に三国志とのつきあいをあらたにはじめた私は、それから二十年が過ぎたいまも、つきあいをつづけ、その時代の名臣の列伝を書いているので、われながらあきれざるをえません。先年、京都で三国志について講演をすることになり、その前後に、文春新書の諸氏とお会いして話をするうちに、角度を変えて、三国志の世界を観照してみたくなり、企画をおこなってもらいました。小説だけが人々を三国志の世界にいざなうすべではないことを承知した上でのことです。その企画にそって書くことで、視点を変えてみたつもりです。「文藝春秋」本誌でも拙作を担当してくれた水上奥人さんに、これも担当してもらいました。また部長の前島篤志さんは、かつて私が小説『三国志』を書きはじめたときに担当してくれた人なので、私が書くその世界には詳しく、それとはちがう世界をここで展開させてくれたのだとおもっています。ご厚配に感謝するばかりです。

二〇二〇年七月吉日

宮城谷昌光

宮城谷昌光（みやぎたに まさみつ）

1945年、愛知県に生まれる。早稲田大学文学部卒。出版社勤務のかたわら立原正秋に師事、創作をはじめる。1991年、『天空の舟』で新田次郎文学賞。同年、『夏姫春秋』で直木賞。1993年度、『重耳』で芸術選奨文部大臣賞。1999年度、司馬遼太郎賞。2001年、『子産』で吉川英治文学賞。2004年、菊池寛賞。2006年、紫綬褒章。2015年度、『劉邦』で毎日芸術賞。2016年、旭日小綬章。近著に『孔丘』、『公孫龍 巻一 青龍篇』がある。

文春新書

1302

三国《さんごく》志《し》入門《にゆうもん》

2021年3月20日 第1刷発行

著　者　宮城谷 昌 光
発行者　大 松 芳 男
発行所　株式会社 文 藝 春 秋
〒102-8008 東京都千代田区紀尾井町3-23
電話（03）3265-1211（代表）

印刷所　理 想 社
付物印刷　大 日 本 印 刷
製本所　大 口 製 本

定価はカバーに表示してあります。
万一、落丁・乱丁の場合は小社製作部宛お送り下さい。
送料小社負担でお取替え致します。

ISBN978-4-16-661302-1

◆日本の歴史

渋沢家三代　佐野眞一
古墳とヤマト政権　白石太一郎
昭和史の論点　坂本多加雄・秦郁彦・半藤一利・保阪正康
謎の大王　継体天皇　水谷千秋
謎の豪族　蘇我氏　水谷千秋
謎の渡来人　秦氏　水谷千秋
継体天皇と朝鮮半島の謎　水谷千秋
大名の日本地図　中嶋繁雄
決定版　日本の剣豪　中嶋繁雄
あの戦争になぜ負けたのか　半藤一利・保阪正康・中西輝政・戸高一成・福田和也・加藤陽子
日本のいちばん長い夏　半藤一利編
昭和陸海軍の失敗　半藤一利・秦郁彦・平間洋一・保阪正康・黒野耐・戸高一成・戸部良一・福田和也
昭和の名将と愚将　半藤一利・保阪正康
徹底検証　日清・日露戦争　半藤一利・秦郁彦・原剛・松本健一・戸高一成
日本型リーダーはなぜ失敗するのか　半藤一利
「昭和天皇実録」の謎を解く　半藤一利・保阪正康・御厨貴・磯田道史

大人のための昭和史入門　半藤一利・船橋洋一・出口治明・水野和夫・佐藤優・保阪正康他
21世紀の戦争論　半藤一利・佐藤優
なぜ必敗の戦争を始めたのか　半藤一利
十七歳の硫黄島　秋草鶴次
山県有朋　伊藤之雄
指揮官の決断　早坂隆
永田鉄山　昭和陸軍「運命の男」　早坂隆
ペリリュー玉砕　早坂隆
硫黄島　栗林中将の最期　梯久美子
日本人の誇り　藤原正彦
天皇陵の謎　矢澤高太郎
児玉誉士夫　巨魁の昭和史　有馬哲夫
伊勢神宮と天皇の謎　武澤秀一
藤原道長の権力と欲望　倉本一宏
江戸の貧民　塩見鮮一郎
戦後の貧民　塩見鮮一郎
日本軍はなぜ満洲大油田を発見できなかったのか　岩瀬昇
予言者　梅棹忠夫　東谷暁

火山で読み解く古事記の謎　蒲池明弘
邪馬台国は「朱の王国」だった　蒲池明弘
「馬」が動かした日本史　蒲池明弘
文部省の研究　辻田真佐憲
古関裕而の昭和史　辻田真佐憲
写真で見る日めくり日米開戦・終戦　共同通信編集委員室
暴かれた伊達政宗「幕府転覆計画」　大泉光一
大日本史　山内昌之・佐藤優
日本史のツボ　本郷和人
承久の乱　本郷和人
権力の日本史　本郷和人
元号　所功・久禮旦雄・吉野健一
歴史の余白　浅見雅男
明治天皇はシャンパンがお好き　浅見雅男
皇位継承　高橋紘・所功
江戸のいちばん長い日　安藤優一郎
江戸の不動産　安藤優一郎
西郷隆盛と西南戦争を歩く　正亀賢司

姫君たちの明治維新　岩尾光代
日本史の新常識　文藝春秋編
日本プラモデル六〇年史　小林　昇
仏教抹殺　鵜飼秀徳
昭和天皇 最後の侍従日記　小林 忍＋共同通信取材班
令和を生きるための昭和史入門　保阪正康
内閣調査室秘録　志垣民郎 岸 俊光編
木戸幸一　川田　稔
「京都」の誕生　桃崎有一郎
皇国史観　片山杜秀
昭和史がわかるブックガイド　文春新書編
遊王 徳川家斉　岡崎守恭
東條英機　一ノ瀬俊也
信長 空白の百三十日　木下昌輝
感染症の日本史　磯田道史
平安朝の事件簿　繁田信一

◆文学・ことば

翻訳夜話　村上春樹 柴田元幸
翻訳夜話2 サリンジャー戦記　村上春樹 柴田元幸
漢字と日本人　高島俊男
語源でわかった！ 英単語記憶術　山並陞一
すごい言葉　晴山陽一
危うし！ 小学校英語　鳥飼玖美子
外交官の「うな重方式」英語勉強法　多賀敏行
名文どろぼう　竹内政明
「編集手帳」の文章術　竹内政明
ビブリオバトル　谷口忠大
新・百人一首　岡井隆・馬場あき子 永田和宏・穂村 弘選
劇団四季メソッド「美しい日本語の話し方」　浅利慶太
芥川賞の謎を解く　鵜飼哲夫
司馬遼太郎に日本人を学ぶ　森　史朗
週刊誌記者 近松門左衛門　鳥越文蔵監修 小野幸恵
昭和のことば　鴨下信一

ビジネスエリートの新論語　司馬遼太郎
オッペケペー節と明治　永嶺重敏
世界はジョークで出来ている　早坂　隆
一切なりゆき　樹木希林
天才の思考　鈴木敏夫
いま、幸せかい？　滝口悠生選
英語で味わう万葉集　ピーター・J・マクミラン
歎異抄 救いのことば　釈　徹宗

文春新書

◆経済と企業

金融工学、こんなに面白い　野口悠紀雄
リープフロッグ　野口悠紀雄
臆病者のための株入門　橘　玲
臆病者のための億万長者入門　橘　玲
熱湯経営　樋口武男
先の先を読め　樋口武男
就活って何だ　森　健
資産フライト　山田　順
ビジネスパーソンのための契約の教科書　福井健策
ビジネスパーソンのための企業法務の教科書　西村あさひ法律事務所編
ブラック企業　今野晴貴
ブラック企業2　今野晴貴
税金　常識のウソ　神野直彦
売る力　鈴木敏文
日本型モノづくりの敗北　湯之上隆
詐欺の帝王　溝口　敦

さらば！　サラリーマン　溝口　敦
トヨタ生産方式の逆襲　鈴村尚久
グローバリズムが世界を滅ぼす　エマニュエル・トッド　ハジュン・チャン　柴山桂太・中野剛志・藤井　聡・堀　茂樹
税金を払わない巨大企業　富岡幸雄
消費税が国を滅ぼす　富岡幸雄
あなたの隣のモンスター社員　石川弘子
新自由主義の自滅　菊池英博
安売り王一代　安田隆夫
働く女子の運命　濱口桂一郎
人工知能と経済の未来　井上智洋
「公益」資本主義　原　丈人
お祈りメール来た、日本死ね　海老原嗣生
2040年全ビジネスモデル消滅　牧野知弘
生き返るマンション、死ぬマンション　荻原博子
最強の相続　荻原博子
ルポ　税金地獄　朝日新聞経済部
日本株式会社の顧問弁護士　児玉　博
自動車会社が消える日　井上久男

日産VS.ゴーン　井上久男
新貿易立国論　大泉啓一郎
世界史を変えた詐欺師たち　東谷　暁
日銀バブルが日本を蝕む　藤田知也
AIが変えるお金の未来　坂井隆之・宮川裕章＋毎日新聞フィンテック取材班
なぜ日本の会社は生産性が低いのか？　熊野英生
会社員が消える　大内伸哉
キャッシュレス国家　西村友作
農業新時代　川内イオ
総会屋とバブル　尾島正洋
吉本興業の約束　大﨑　洋　坪田信貴

◆世界の国と歴史

ローマ人への20の質問　塩野七生
歴史とはなにか　岡田英弘
常識の世界地図　21世紀研究会編
食の世界地図　21世紀研究会編
新・民族の世界地図　21世紀研究会編
カラー新版 地名の世界地図　21世紀研究会編
フランス7つの謎　小田中直樹
一杯の紅茶の世界史　磯淵　猛
新約聖書Ⅰ　新共同訳 佐藤　優解説
新約聖書Ⅱ　新共同訳 佐藤　優解説
佐藤優の集中講義 民族問題　佐藤　優
池上彰の宗教がわかれば世界が見える　池上　彰
池上彰の「ニュース、そこからですか!?」　池上　彰
新・戦争論　池上　彰 佐藤　優
大世界史　池上　彰 佐藤　優
新・リーダー論　池上　彰 佐藤　優

第一次世界大戦はなぜ始まったのか　別宮暖朗
イスラーム国の衝撃　池内　恵
「ドイツ帝国」が世界を破滅させる　エマニュエル・トッド 堀　茂樹訳
シャルリとは誰か？　エマニュエル・トッド 堀　茂樹訳
問題は英国ではない、EUなのだ　エマニュエル・トッド 堀　茂樹訳
中国4・0　エドワード・ルトワック 奥山真司訳
戦争にチャンスを与えよ　エドワード・ルトワック 奥山真司訳
日本4・0　エドワード・ルトワック 奥山真司訳
21世紀 地政学入門　船橋洋一
地経学とは何か　船橋洋一
熱狂する「神の国」アメリカ　松本佐保
ドナルド・トランプ　佐藤伸行
大学入試問題で読み解く「超」世界史・日本史　片山杜秀
ベートーヴェンを聴けば世界史がわかる　片山杜秀
戦争を始めるのは誰か　渡辺惣樹
第二次世界大戦 アメリカの敗北　渡辺惣樹
米中激突　陳　破空 山田智美訳
知立国家 イスラエル　米山伸郎

1918年最強ドイツ軍はなぜ敗れたのか　飯倉　章
人に話したくなる世界史　玉木俊明
トランプ ロシアゲートの虚実　小川　聡 東　秀敏
世界史の新常識　文藝春秋編
ヘンリー王子とメーガン妃　亀甲博行
コロナ後の世界　ジャレド・ダイアモンド ポール・クルーグマン リンダ・グラットン マックス・テグマーク スティーブン・ピンカー スコット・ギャロウェイ 大野和基編
パンデミックの文明論　ヤマザキマリ 中野信子
盗まれたエジプト文明　篠田航一
歴史を活かす力　出口治明

(2020. 12) B　　品切の節はご容赦下さい

◆食の愉しみ

発酵食品礼讃　小泉武夫
毒草を食べてみた　植松　黎
中国茶図鑑　工藤佳治・兪　向紅　写真・丸山洋平
チーズ図鑑　文藝春秋編
食の世界地図　21世紀研究会編
一杯の紅茶の世界史　磯淵　猛
辰巳芳子　スープの手ほどき　和の部　辰巳芳子
辰巳芳子　スープの手ほどき　洋の部　辰巳芳子
新版　娘につたえる私の味　一月～五月　辰巳浜子　辰巳芳子
新版　娘につたえる私の味　六月～十二月　辰巳浜子　辰巳芳子
小林カツ代のお料理入門　小林カツ代
小林カツ代のお料理入門　ひと工夫編　小林カツ代
一生食べたい　カツ代流レシピ　小林カツ代　本田明子
フレンチの王道　井上　旭　神山典士・聞き手
日本のすごい食材　河﨑貴一
歴史の中のワイン　山本　博

◆スポーツの世界

イチロー・インタヴューズ　石田雄太
サッカーと人種差別　陣野俊史
巨人軍「闇」の深層　西﨑伸彦
外国人レスラー最強列伝　門馬忠雄
最強のスポーツビジネス　池田　純　スポーツ・グラフィック　ナンバー編
野球バカは死なず　江本孟紀
箱根駅伝　強豪校の勝ち方　碓井哲雄
オリンピック・マネー　後藤逸郎
競輪という世界　轡田隆史・堤　哲　藤原勇彦・小堀隆司

◆ネットと情報

「社会調査」のウソ　谷岡一郎
インターネット・ゲーム依存症　岡田尊司
闇《ダーク》ウェブ　セキュリティ集団スプラウト
フェイクウェブ　高野聖玄　セキュリティ集団スプラウト
スマホ廃人　石川結貴

◆アートの世界

モーツァルト 天才の秘密　中野 雄
小澤征爾 覇者の法則　中野 雄
ストラディヴァリとグァルネリ　中野 雄
ベートーヴェン　中野 雄
新版 クラシックCDの名盤　宇野功芳・中野 雄・福島章恭
新版 クラシックCDの名盤 演奏家篇　宇野功芳・中野 雄・福島章恭
クラシックCDの名盤 大作曲家篇　宇野功芳・中野 雄・福島章恭
日本刀　小笠原信夫
岩佐又兵衛　辻 惟雄
天才 勝新太郎　春日太一
鬼才 五社英雄の生涯　春日太一
日本の戦争映画　春日太一
宮大工と歩く奈良の古寺　小川三夫 塩野米松・聞き書き
春画入門　車 浮代
天才と名人 中村勘三郎と坂東三津五郎　長谷部浩
巨大アートビジネスの裏側　石坂泰章

北斎漫画入門　浦上 満
週刊文春「シネマチャート」全記録　週刊文春編
スポーツ映画トップ100　芝山幹郎
スターは楽し　芝山幹郎
日本プラモデル六〇年史　小林 昇
天才の思考　鈴木敏夫
欲望の名画　中野京子
玉三郎 勘三郎 海老蔵　中川右介
いま、幸せかい？　滝口悠生選
英語で味わう万葉集　ピーター・J・マクミラン
古関裕而の昭和史　辻田真佐憲

(2020. 12) D　品切の節はご容赦下さい

◆考えるヒント

民主主義とは何なのか　長谷川三千子
寝ながら学べる構造主義　内田 樹
私家版・ユダヤ文化論　内田 樹
勝つための論文の書き方　鹿島 茂
成功術 時間の戦略　鎌田浩毅
世界がわかる理系の名著　鎌田浩毅
ぼくらの頭脳の鍛え方　立花 隆・佐藤 優
知的ヒントの見つけ方　立花 隆
日本人へ リーダー篇　塩野七生
日本人へ 国家と歴史篇　塩野七生
日本人へ 危機からの脱出篇　塩野七生
逆襲される文明 日本人へIV　塩野七生
イエスの言葉 ケセン語訳　山浦玄嗣
聞く力　阿川佐和子
叱られる力　阿川佐和子
「強さ」とは何か。　宗 由貴・監修　鈴木義孝・構成

何のために働くのか　寺島実郎
日本人の知らない武士道　アレキサンダー・ベネット
女たちのサバイバル作戦　上野千鶴子
迷わない。　櫻井よしこ
サバイバル宗教論　佐藤 優
サバイバル組織術　佐藤 優
無名の人生　渡辺京二
生きる哲学　若松英輔
脳・戦争・ナショナリズム　中野剛志・中野信子・適菜 収
無敵の仕事術　加藤 崇
不平等との闘い　稲葉振一郎
70歳！　五木寛之・釈 徹宗
歎異抄 救いのことば　釈 徹宗
プロトコールとは何か　寺西千代子
珍樹図鑑　小山直彦
それでもこの世は悪くなかった　佐藤愛子
知らなきゃよかった　池上 彰・佐藤 優
知的再武装 60のヒント　池上 彰・佐藤 優

死ねない時代の哲学　村上陽一郎
コロナ後の世界　ジャレド・ダイアモンド ポール・クルーグマン リンダ・グラットン マックス・テグマーク スティーブン・ピンカー スコット・ギャロウェイ 大野和基編
スタンフォード式 お金と人材が集まる仕事術　西野精治

◆教える・育てる

幼児教育と脳　澤口俊之
語源でわかった！英単語記憶術　山並陞一
外交官の「うな重方式」英語勉強法　多賀敏行
女子御三家 桜蔭・女子学院・雙葉の秘密　矢野耕平
男子御三家 麻布・開成・武蔵の真実　矢野耕平
僕たちが何者でもなかった頃の話をしよう　山中伸弥・羽生善治・是枝裕和・山極壽一・永田和宏
続・僕たちが何者でもなかった頃の話をしよう　池田理代子・平田オリザ・彬子女王・大隅良典・永田和宏

◆サイエンス

世界がわかる理系の名著　鎌田浩毅
「大発見」の思考法　山中伸弥・益川敏英
粘菌 偉大なる単細胞が人類を救う　中垣俊之
ねこの秘密　山根明弘
ティラノサウルスはすごい　土屋 健 小林快次監修
アンドロイドは人間になれるか　石黒 浩
マインド・コントロール　岡田尊司
サイコパス　中野信子
植物はなぜ薬を作るのか　斉藤和季
超能力微生物　小泉武夫
秋田犬　宮沢輝夫
フレディ・マーキュリーの恋　竹内久美子
猫脳がわかる！　今泉忠明
ウイルスVS人類　瀬名秀明・押谷 仁・五箇公一・岡部信彦・河岡義裕・大曲貴夫・NHK取材班

(2020.12) E
品切の節はご容赦下さい